Izabel C. Heberle

Ditado por Kayla

O VALE DOS DRAGÕES
O DESPERTAR

Izabel C. Heberle
Ditado por Kayla

O VALE DOS DRAGÕES
O DESPERTAR

Porto Alegre
Secco Editora
2018

Projeto Editorial
www.impressaolivros.com.br

Criação de Capa
Marcos Augusto Secco

Ilustração de Capa
Manoela Costa

Design e Produção Gráfica
S2C Produção Gráfica

Revisão
Renato Deitos

Dados Internacionais de Catalogação na Publicação (CIP)

H445v	Heberle, Izabel C.
	O Vale dos Dragões : o despertar / Izabel C. Heberle ; ditado por Kayla. – Porto Alegre : Secco Editora, 2018.
	136 p. ; 23 cm.
	ISBN: 978-85-92915-07-0
	1. Literatura Espírita. 2. Espiritismo. 3. Obras Psicografadas. I. KAYLA. II. Título.
	CDD 133.9

Ficha catalográfica elaborada pela bibliotecária:
Cíntia Borges Greff - CRB 10/1437

Contato para Edição de livros:
51 981.22.4677 | livros@s2c.com.br | www.impressaolivros.com.br
Rua Cairu, 483 | CEP 90230-031 | Porto Alegre | RS | Brasil
IMPRESSO NO BRASIL

Sumário

Introdução

Assim como está representado na capa, com a noite cedendo lugar para um novo dia, o renascer, acompanhamos através deste livro uma nova caminhada, uma nova jornada interior.

Em uma narrativa envolvente, que nos leva a não querer parar de ler, aflora a cada novo capítulo a curiosidade sobre o caminho do personagem principal. Na jornada de autoconhecimento empreendida por Sebastian, nos deparamos com profundas reflexões sobre nossa dualidade, nossa luz e nossa sombra, nossa riqueza interior.

Uma história plena de mensagens, que nos emociona, nos alerta e desperta para novos horizontes. Com certeza, o leitor que estas páginas percorrer não será mais o mesmo.

Como a própria autora nos diz: "Não importa quanto tempo leva, sempre temos a chance de mudar, crescer e evoluir, nos conhecermos, nos conscientizarmos. Pois não 'somos', 'estamos', e estamos aqui de passagem".

Nosso mais profundo agradecimento à autora, por buscar, entender e aceitar seu propósito de vida, assim nos brindando com este primeiro livro, que nos deixa com uma imensa vontade de continuar participando da trajetória dos personagens.

Gratidão, Izabel, por me acolher como irmã de coração e me permitir participar da sua jornada.

Sua irmã de sempre,
Cristina Schonwald de Oliveira

Por Kayla – Mestra que serve à Chama Cristalina

O VALE DOS DRAGÕES — O DESPERTAR

Capítulo 1

O despertar

Era 31 de dezembro, o Sol estava forte, o dia estava quente, quase não havia pessoas nas ruas, era quase um silêncio se não fossem os latidos de cães ao longe, uma ou outra risada de uma criança. Poucos carros circulavam, o ambiente tornava-se lúgubre com o cair da tarde, no céu havia nuvens escuras se formando, aviso de uma noite chuvosa, o que seria uma benção para diminuir o calor infernal do dia.

Essa data é muito significativa, encerra-se um ciclo e inicia-se outro pelo nosso calendário, todos parecem seguir à risca ano após ano o que o calendário determina, existe uma apatia e, por que não dizer, uma cegueira coletiva que toma conta de todos os seres, mundialmente falando. As crenças falam mais alto, dia de ação de graças, Natal, *Réveillon*... intermináveis mensagens enviadas por aplicativos, repetidas, batidas, com um apelo patético a um emocional já condicionado a essa época, e assim os anos vão passando. O olhar para o ser humano é expressado por meio de mensagens que falam de um tempo que somente existe no imaginário de cada pessoa, pois nos tempos atuais é mais fácil copiar e colar e enviar e reenviar milhares de vezes a mesma coisa sem ler, sem ter noção do verdadeiro conteúdo, apenas para se fazer lembrar. Não era diferente para Sebastian. Porém, nesse ano em especial, tudo perdeu "aquele antigo sentido". Queria isolar-se até que tudo estivesse terminado, mas até recusar convites era complicado. Como explicar? As pessoas não entendem como é possível não querer ver os fogos, comer de tudo exageradamente, beber, como alguns amigos, para quem apenas uma cerveja não bastava. Como? O que fazer? Mas, graças, tudo tinha passado, sentia-se exausto com tanta aglomeração de pessoas à sua volta.

Sebastian A. Elrebeh era um jovem alto, magro, seus olhos eram da cor do mar, de um azul intenso que por vezes se misturava com a cor da esmeralda, ruivo de pele muito clara, não era considerado bonito, mas refletia uma beleza de personagens antigos. Estudante de Engenharia, o que lhe causava aflição, pois não sabia se era isso mesmo que queria fazer na vida. Nesse dia em especial, Sebastian sentiu que queria estar só. Não porque estava com problemas ou porque não gostasse de onde estava, mas porque sentia que era necessário. A família de Sebastian era bem estruturada, não faltava nada para suas necessidades, ao contrário, tinha o necessário para estar bem onde fosse. A mãe era uma mulher cativante, de fala suave, atenta a tudo o que os cercava, inteligente, e guardava um segredo que a família até aquele momento não conhecia. O pai, homem de personalidade forte, advogado, muito conceituado na cidade, respeitado por sua capacidade intelectual e moral e também temido por ser implacável com assuntos com os quais não concordava, e, mesmo que não conhecesse muitos desses assuntos profundamente, não tinha interesse em se aprofundar para mudar a sua opinião. Um desses assuntos girava em torno de religiões e manifestações que ele ignorava completamente do que se tratava e era melhor ignorar, como sempre dizia: "Porque essa gente é louca".

Moravam em uma cidade de porte mediano chamada Inverness, localizada na Escócia e considerada a capital cultural das terras altas. Era uma cidade onde o velho e o novo convivem lado a lado, sem contar as belíssimas paisagens com lugares cheios de histórias em cada canto a ser explorado. Sebastian nasceu lá e nunca conheceu outro lugar a não ser em seus sonhos, que por falar nisso pareciam cada vez mais reais. Sebastian contava com a idade de 28 anos nessa ocasião, e desde os seus 16 anos vivia em um mundo muito particular que ele não comentava com ninguém para não parecer que estava "viajando".

Este fato aconteceu pela primeira vez no dia em que completou 16 anos. De repente, Sebastian acordou e percebeu que estava em um lugar diferente, diferente de tudo o que já tinha visto. Olhou para si e percebeu que algo acontecera, pois vislumbrou o seu corpo dormindo tranquilamente na cama. Mas o que aconteceu? Eu morri? Meu Deus, o que está acontecendo? Eu ainda não quero morrer... Porém, percebeu que se sentia muito bem, que aquela an-

gústia que sentia fazia alguns anos não estava mais ali, estava leve, e sua percepção havia se expandido, e muito, pois, percebia pequenos detalhes que antes não conseguia perceber. Estava com medo de sair de perto do seu corpo, pois não sabia o que poderia acontecer. Foi então que sua mãe entrou no quarto, tocou no seu braço e beijou-o no rosto. Sebastian sentiu o toque e, além disso, percebeu que a mãe tinha algo diferente, ela brilhava, e quando o beijou na face pequenos filetes se iluminaram e alcançaram o seu corpo, fazendo com que se sentisse seguro, e isso passou um bem-estar muito grande para o corpo adormecido. Porém ela parou e se virou como se estivesse olhando para o corpo espiritual de Sebastian. Naquele momento ele sentiu que estava tudo bem, mesmo não entendendo o que estava acontecendo. Foi então que sentiu um puxão e, quando abriu os olhos, estava em seu corpo físico novamente.

No dia seguinte, quando acordou, Sebastian sabia que tinha acontecido algo e precisava entender o que era. Pensou em perguntar na hora do café, porém o pai já acordou querendo o couro de todos os religiosos, e assim, desencorajado, Sebastian resolveu deixar pra lá: "Vai que eu sonhei e achei que estava acordado... Melhor deixar pra lá".

Assim Sebastian passou o dia, tentando deixar pra lá, mas o assunto e as sensações o perseguiam. Resolveu caminhar um pouco e sentou no banco de uma praça. Em seguida, sentou ao seu lado um homem aparentando uns 60 anos que lhe perguntou:

– Olá, rapaz, está tudo bem, tem dormido direito?

Sebastian olhou para o homem assustado e respondeu:

– Sim, senhor, tenho dormido bem. Por que a pergunta?

– Porque me parece que você não dormiu e está com um grande dilema.

– Me desculpe, mas não sei quem você é.

– Meu nome é Inácio e vivo aqui há pouco tempo. Na verdade, vim para acompanhar alguém que está despertando neste momento.

– Muito prazer, me chamo Sebastian.

– Nome forte que traz em si mesmo uma grande responsabilidade.

– Não acredito nisso, é um nome como outro qualquer.

– O senhor falou que está acompanhando alguém que está despertando. O que quis dizer com isso?

– Despertando para a vida, a verdadeira versão da vida, o resto é ilusão.

– Como assim, ilusão?

– Aqui se vive de uma forma ilusória, vinculada a crenças, hábitos e rotinas que impedem que cada um descubra seu verdadeiro propósito, e, além disso, ficamos presos em uma roda de encarnações acreditando que temos que sofrer e pagar carmas eternamente.

– Meio que não entendi o que o senhor falou. O que é carma, roda de encarnações?

– É assunto para outro dia.

– Como assim, outro dia? Não sei se vou encontrá-lo novamente.

– Sim, você vai e teremos muitas outras conversas... Por ora, mantenha o que ouviu para si, não pergunte muito e abra a sua percepção para o mundo. Aos poucos as coisas irão se esclarecer. Ah! E aproveite suas noites. Até logo mais.

Sebastian ficou sem entender direito o que se passou e pensou que o senhor Inácio não regulava bem.

– Só o que me faltava. Quem é esse homem?!?...

O dia transcorreu de forma rotineira sem muitas coisas

para fazer, e mesmo as coisas que tinha que fazer fez mecanicamente, pois não conseguia parar de pensar na noite anterior.

Assim se passou uma semana, e Sebastian não conseguia tirar da cabeça o que havia lhe ocorrido.

Cada vez que deitava para dormir ficava um pouco aflito, pois não tinha certeza do que iria suceder.

Dessa vez tomou um chá calmante com a mãe que o observava com discrição e foi deitar.

Janaíra era uma mulher bonita que, com seus 40 anos, não aparentava ter essa idade. Olhar inteligente, fala suave e cativante, sempre que começava a falar provocava silêncio em seu entorno, era admirada por ter um conhecimento muito grande a respeito das coisas da vida. Conhecia as ervas, os cristais e a simbologia da antiga Religião, além de ser iniciada nas Sete Chamas Sagradas da Magia Divina, que por sinal guardava para si, pois poucas pessoas tinham conhecimento dessa parte de sua vida. Era algo que ela preferia praticar em silêncio, não precisava espalhar isso aos sete cantos do Universo, até porque bastava o Universo saber, pois era ele que a guiava em sua jornada. Conhecia alguns segredos contidos na sua magia e de onde vinham. Confiava no poder da Grande Fonte Universal, era assim que chamava a sua divindade, aquela fonte inesgotável de amor, de sabedoria e conhecimento que continha em si as forças naturais Vivas e Divinas, as quais continham a sabedoria da cura, da evolução e do grande despertar. Tinha uma forma bem peculiar de expressar seus pensamentos e nem sempre as pessoas entendiam na hora o que ela realmente queria dizer, algumas coisas profundas faladas por parábolas. Sem dúvida, uma mulher culta, não se dizia sábia, porém estava sempre em busca da sabedoria, não a sabedoria dos bancos das universidades, mas a sabedoria contida em cada reino existente, além do que é conhecido neste mundo a que chamamos de físico.

Nesta noite em especial teria um trabalho extra, seu menino estava despertando para a vida, e isso se dava devido ao coração amoroso e cheio de bondade de que ele era portador.

Janaíra fora avisada fazia algum tempo de que isso iria acontecer e que ela teria que estar preparada para dar suporte a

Sebastian, que nesta encarnação estava seu filho. Aprendizado este que levou alguns séculos até compreender para poder colocar em prática neste agora, pois, quando encarnam como figura de mãe as mulheres se apegam a este ser como sendo o ar que respiram, criando laços tão fortes que as deixam presas por muitas encarnações, até compreenderem que esses seres são livres, eles "não são" seus filhos, eles "estão seus filhos", e nisso consiste o grande aprendizado.

A razão desse apego é gerada pelo controle, pela necessidade de ser amado, mas infelizmente não é o amor falando e sim o ego, pois é o ego que controla, que quer ser o proprietário de todos, quer vencer todas as discussões, sair vencedor: o mais inteligente, o mais bonito, o mais..., o mais..., o verdadeiro amor não tem vítimas, tem vencedores e todos são livres.

Esse aprendizado vem acompanhado de muita dor e sofrimento, por muitas eras.

Bem, voltemos ao Sebastian que estava em seu quarto e refazia os passos daquele dia para verificar o que poderia ter desencadeado aquele fenômeno.

Lembrou-se de que a única coisa diferente que havia feito tinha sido uma pequena prece, o que era incomum, pois se dizia cético.

Sentou na cama e, após respirar profundamente, como se intuído fosse, começou a dizer uma prece vindo do fundo de seu coração:

"Divina Luz que habita em mim, que dá forma a tudo que vejo e toco, que me faz sentir os perfumes mais suaves, que me faz perceber o quanto cada dia ao nascer ilumina toda a Terra e a faz brilhar, a você entrego meu coração neste momento e deixo-me levar por sua infinita inteligência e amorosidade. Que assim seja".

Não percebia ele que, ao respirar e registrar a intenção de se conectar com o plano Divino, já estaria acompanhado por luzes

que brilhavam a cada palavra que era proferida, e das luzes que se faziam ali presentes estava o velho Inácio.

Ao terminar a prece Sebastian fez uma reverência e se deitou, sentiu um bem-estar, e aos poucos adormeceu.

Tinha a sensação de que sabia que estava dormindo, porém com uma forte vontade de abrir os olhos. Alguma coisa lhe dizia que abrisse.

Lentamente Sebastian abriu os olhos, e qual a sua surpresa?

S – Inácio, o senhor aqui? Mas estou dormindo, como você chegou aqui? O que está fazendo em meu quarto?

Inácio soltou uma sonora gargalhada ao ver a expressão de espanto no rosto de Sebastian e disse:

I – Calma, meu menino, está tudo bem, você está dormindo. Olhe – disse ele apontando para o corpo de Sebastian adormecido confortavelmente na cama.

S – Como isso é possível?

I – Isso é aquilo a que damos o nome de desdobramento. Você usa o corpo físico quando está acordado e o corpo espiritual quando está dormindo.

S – Mas como isso é possível? Quer dizer que posso sair por aí e fazer o que eu quiser? Mesmo de pijamas?

I – Calma aí, vou explicar. Ah! E ainda bem que você está de pijamas, senão teria que lhe emprestar alguma roupa até aprender a plasmar a sua própria roupa. Meu filho, a partir de agora você começará a compreender uma nova realidade, a verdadeira, aquela que seus olhos não podem ver enquanto está acordado. Vou lhe mostrar o que você precisa aprender para seguir em frente e preencher esse vazio no seu peito. Hoje tem início uma nova etapa para você, ouça com o seu coração.

E Inácio começou a falar, enquanto Sebastian observava que, à medida que Inácio falava, o ambiente se tornava sereno, então começou a perceber que as palavras tinham a sonoridade que o fazia prestar atenção e que não queria estar em outro lugar senão ali.

E Inácio, após um breve intervalo, começou a falar:

I – Todos os dias são especiais, mas tem um deles em que acordamos com muitas questões inacabadas em nossa mente, que nos incomodam e para as quais não temos respostas.

Nesse dia tomamos consciência de que temos que mudar. Não sabemos muito bem o que temos que mudar, mas temos que fazer algo urgente. Então lembramos de artigos, palestras, da conversa com um amigo ou de ouvir alguém falando em espiritualidade, e assim começa nossa caminhada.

Primeiro a curiosidade e em seguida a busca por todos os assuntos que envolvem a espiritualidade. Nessa caminhada nos deslumbramos já nos primeiros passos, tudo é muito bonito, muito mágico, muito bom.

O contato com o novo conhecimento e as novas energias nos embriaga. Podemos permanecer meses com um aprendizado ou até mesmo anos, nos fechando para todo o restante que existe para conhecer e desvendar.

Nesse momento conhecemos pessoas que já estão caminhando há muito mais tempo que nós, e o grande risco é acreditarmos que por estarem há mais tempo sabem muito mais do que nós. O que na maioria das vezes não nos explicam é que existem muitas verdades e o certo não é o certo do outro e sim o "seu certo", que muitas vezes por longo tempo é deixado de lado para dar ouvidos ao que é certo para os outros. Com tantos anos de busca e depois de muitos erros e acertos, finalmente descobrimos que temos que nos ouvir mais, acreditar mais em nossa intuição, em nosso "EU". Essa atitude não é desmerecer o outro, mas ter convicção de que só nós mesmos sabemos o que é o "nosso certo" e o nosso melhor.

Passamos muito tempo acreditando que as respostas estão nos outros, porque teoricamente eles sabem mais... algumas vezes aprendemos o certo de maneira errada.

Temos que desenvolver um filtro poderoso em que vamos

aprender no que, em que, em quem e por que compartilhar, que podemos crescer junto com o outro, mas nunca através do outro. Há momentos em que somos mestres e em outros somos aprendizes, e essa é uma dança que nos mostra que somos falhos, equivocados em alguns momentos e que a humildade tem que ser a primeira das virtudes que deve ser aprendida.

Muitas vezes, no início da caminhada, idolatramos algumas pessoas, como se fossem deuses com o poder de mudar nossa vida. Ninguém tem esse poder. O poder da mudança é muito forte e muito pessoal, é uma das chaves que temos dentro de nosso coração e que abre algumas das portas que nos levarão ao verdadeiro aprendizado. Só você pode decidir mudar. Podemos ouvir milhares de conselhos, mas só tomamos a atitude da mudança quando estamos prontos para ela, e ninguém sabe qual é esse momento: *somente você*.

Por mais que o tempo passe e a busca continue, chega um momento de plena clareza em que conseguimos analisar o caminho percorrido e perceber que, por mais conhecimento que tenhamos adquirido, ainda assim é muito pouco, tem muito mais para descortinar, aprender, se emocionar, vibrar e corrigir.

Um dos grandes aprendizados que tive em minha caminhada é que não foi concedida a ninguém a placa de "ÚNICO CAMINHO CORRETO", não existem placas postas em frente a denominações dizendo que esta ou aquela é a que representa o grande e verdadeiro caminho.

Depois de muito tempo e muita observação, me convenci de que DEUS, magnânimo, perfeito, onipresente, onipotente e onisciente, enviou vários tipos de conhecimento para as várias personalidades criadas por ele, pois ele confia que seus filhos sempre voltarão para ele, e o importante é que em nenhum momento deixem de buscá-lo. Não importa a filosofia que sigam, temos em nosso DNA o gene de nosso Pai e em algum momento encontraremos o caminho de volta para Ele.

É importante trabalharmos a cura espiritual, adquirirmos a consciência de que não somos culpados, somos aprendizes, qual criança que faz ou diz coisas das quais ainda não tem conhecimento ou capacidade.

O mundo hoje precisa de consciências que se reconheçam como grandes e perfeitas para o momento em que vivem, pois o que fazem é o que sabem e o que podem naquele exato momento.

O amanhã pode ser diferente, pois a cada dia somos diferentes, e a cada novo dia podemos escolher sermos melhores e melhorarmos as nossas atitudes, percebendo e olhando com olhos de amor cada gesto, sem julgar.

Certa vez li sobre três atitudes que são importantes na construção do nosso aprendizado: não julgar, não resistir e desapegar. É impressionante quando você para e analisa cada um desses itens. *Julgamos* em questão de segundos sem o mínimo constrangimento, tudo está preso a imagens, e o que não está de acordo com nosso padrão, o diferente, o original, é alvo do nosso julgamento.

Resistimos a quase tudo que esteja fora do nosso controle, seja bom ou ruim. Muitas vezes resistimos até em amar alguém por preconceitos arraigados em nosso ser, e resistimos a perdoar porque nossa arrogância não deixa margem para aceitarmos nosso equívoco.

É difícil *desapegar* de pessoas, de coisas e de situações. Temos como nossa propriedade, não admitimos perder pessoas queridas, mas esquecemos que não podemos perder o que nunca tivemos, podemos ter o afeto, o amor, a amizade, mas jamais teremos aquele ser como propriedade porque no mundo interior de cada um somos livres, não há prisões a não ser aquelas que nós mesmos criamos, e as criamos por desconhecimento de como funcionam nossos sentimentos, nossas emoções, por desconhecimento do nosso poder pessoal e do quanto somos capazes e especiais, cada um do seu jeitinho.

Hoje nos reconhecemos assim, amanhã podemos mudar, até as células do nosso corpo se renovam diariamente, estão em constante mudança e aperfeiçoamento.

Em cada um está adormecida a semente da renovação e do reequilíbrio, porque sem equilíbrio caímos nos exageros ou na inércia. Fomos feitos para nos movimentar, curiosos para buscar novas experiências, ousados para enfrentar todas as provas que aparecerem, fortes para não nos submetermos a derrotas, bondosos para acolher o outro, sensíveis para nos comovermos com a dor de nosso irmão e corajosos para entrarmos em uma caminhada que sabemos que não tem volta, porque, uma vez que a iniciamos, saboreamos o gosto da fé, do encontro com o espírito e da paz que começa a se instalar em nosso ser. A partir desse momento nossa percepção se abre, nos conectamos com algo maior que por vezes parece um sonho e percebemos que o mundo é maior do que imaginávamos e

que não precisamos ir longe fisicamente para nos sentirmos parte de um todo.

Descobrimos que somos parte de algo verdadeiramente perfeito que conecta cada um de uma maneira especial. Então entendemos que "estamos" em uma vida para justamente buscar as competências (virtudes) que nos faltam: amor, paciência, tolerância, sensibilidade, calma, paz, saúde e outras virtudes mais. E *estar* significa oportunidade de buscar, nossa escola é espaçosa, tem lugar para cada um sem diferenciações e, mais, tem um *playground* superdivertido se estivermos dispostos a brincar com nossos amigos.

O mundo espiritual, este que você está adentrando neste momento e que começa a se desvendar para você, nos alerta da importância de nos dedicarmos a enviar emanações de luz, energias positivas e amor a cada ser que habita este planeta, pois somos todos energia, e essa energia de que somos formados é pura e quer preencher o seu propósito compartilhando e auxiliando como em uma grande rede a todos os seres que precisam despertar.

E esse despertar acontece para cada um de forma muito particular. Por vezes, por meio de uma leitura, num momento de reflexão, no meio de muita confusão... Cada um encontra o seu jeito. O que não pode acontecer é ignorar esse momento precioso. Permitir-se parar e mudar a direção se necessário é assustador? Sim, quando nos colocamos frente a frente com o que realmente somos e percebemos que precisamos mudar urgentemente, isso nos deixa inseguros. Nos perguntamos: mas como fazer? Quando fazer? E é nesse momento que nos deparamos com nosso próprio preconceito. Será que se eu mudar os outros vão gostar? Novamente os outros... Você conseguiria nomear todos esses "outros" que assombram sua vida? Muitas vezes os "outros" não estão nem aí para você e para sua mudança, já pensou nisso? E você nesse momento está preocupado com a mudança interior das pessoas que você conhece? De fato, qual a importância que isso tem no contexto geral da sua vida? Pensando dessa forma fica mais suave, não fica? Conclusão: só depende de você, tudo o que está na sua volta terá que se moldar ao novo você, e a sua mudança não deveria ferir e nem interferir na vida dos outros, pois diz respeito somente a você.

Quanto tempo de sua vida você passa se preocupando com o que os outros fazem ou deixam de fazer... Sinceramente, de todas as decisões que os outros tomam, o que afeta você verdadeiramente?

Finanças, relacionamentos, heranças, trabalho, amizades... E a espiritualidade, nesse contexto, entra onde? E quando você partir? Essas pessoas irão junto para testemunhar a seu favor? E consequentemente uns testemunharão em prol dos outros? Sinto muito, isso não vai acontecer. Nessa hora é realmente cada um por si. As perguntas, acredito que serão dirigidas a você: o que você fez, como gastou seu tempo, onde aplicou as habilidades que recebeu, quantos sorrisos distribuiu, como cuidou do corpo que você recebeu para vivenciar a experiência da vida, onde você estava quando algumas pessoas precisaram de você, quantas vezes você lembrou com gratidão de todos os recursos que recebeu para sua existência, o que o levou a ter preconceito com seu irmão, em que momento você esqueceu que deveria melhorar seus "defeitos", quantas vezes você não teve tempo de ouvir alguém que precisava conversar, onde você estava quando seu filho (aquele que você recebeu para orientar) se perdeu nas drogas, por que você abandonou impaciente os seus pais em um hospital ou casa de repouso quando envelheceram, em que momento você perdeu o respeito pela vida e pelos seus semelhantes, em que momento você acreditou que a vida que se formava dentro de você era sua, e então você poderia jogá-la fora (abortá-la)? Creio que são alguns questionamentos que teremos que responder, querendo ou não, pois somos responsáveis pelas nossas atitudes. Tudo representa algo muito maior do que você pode assimilar, parece por vezes que seu cérebro não conseguirá processar, e, novamente nesse contexto, cada um percebe de forma muito peculiar e o tempo de cada um é diferente, único. Perceba, tudo o que lhe foi dado foi com um propósito. Único, grandioso e especial para cada indivíduo. Viemos munidos de todos os recursos necessários para nossa jornada, então, em que momento nos esquecemos e nos desviamos? Por que muitas vezes falar em espiritualidade é algo entediante e distante?

Sebastian ouvia tudo com atenção. Ainda não compreendia alguns pontos, mas sabia que queria aprender mais, pois naquele exato momento percebeu que era a primeira vez que não sentia o vazio dentro de si.

Capítulo II

O início da jornada

A cada dia que passava Sebastian sentia-se mais e mais entusiasmado. Fazia suas tarefas diárias com afinco, não mais se comprometia com afazeres noturnos, queria aprender, e tudo isso o fascinava. Começara a compreender algumas coisas, as razões de que por vezes, ou seja, na maioria das vezes, sentia que não se encaixava em lugar nenhum, era como um estranho aonde fosse. Agora começava a compreender os sonhos que tinha há muito tempo e não conseguia explicar.

Certa vez sonhou que caminhava em uma campina, estava só, suas roupas não eram as que conhecia, eram outras, roupas pesadas, grosseiras e pouco confortáveis.

Enquanto caminhava, sabia que estava cumprindo algum tipo de missão, caminhava resoluto, porém sentia medo de alguma coisa que não sabia do que se tratava, mas uma coisa era certa, sabia que estava naquele lugar para vencer o medo.

Caminhava por um tempo e a campina se tornava floresta, e depois rio com águas muito agradáveis, depois ainda era um deserto, um pântano, e por fim se via em um campo santo (cemitério) e o sonho acabava.

Durante todo o trajeto sentia medo como se a qualquer momento pudesse ser atacado por algum animal ou outro ser qualquer. Não sabia explicar, sabia que estavam à espreita, mas não conseguia vê-los.

Ao mesmo tempo em que sentia medo, sentia também que estava protegido, não sabia por quem e desconhecia também o motivo. "Resolvido: vou revelar este sonho a Inácio, talvez ele me ajude a entender."

Naquele dia, se preparou, fez a sua prece e deitou, esperando o amigo aparecer. Não demorou muito e pegou no sono. Agora já compreendia o processo que acontecia, ou pelo menos pensava que compreendia. Para sua surpresa, quando deu por si estava em plena escuridão, sentiu frio e estava com muito medo. Percebeu que, quanto mais tentava identificar o local onde estava, mais confuso e perdido ficava. Não compreendeu a princípio por que ele estava ali, não fora isso que pensara para aquela noite. Uma sombra tão real, quase palpável, passou próximo a Sebastian, que se encolheu todo, suava frio, não sabia o que fazer e parecia que a cada momento ficava pior, não conseguia pensar, não entendia o que estava acontecendo, e, quanto mais aflito ficava, mais sentia medo e confusão. Estava a um passo de enfartar, pensava ele, quando ouviu uma voz que gelou ainda mais o ambiente.

V – Bem-vindo ao meu reino, Sebastian. Por ora não consigo tocar você, mas vou trazê-lo muitas vezes aqui, e você será meu – e ouviu uma sonora e ensurdecedora gargalhada.

Naquele momento Sebastian tinha entrado no reino das trevas e não tinha a menor ideia de como sair dali, estava aterrorizado, foi quando visualizou uma pequena luz que vinha em sua direção. Naquele momento Sebastian perdeu os sentidos e desmaiou.

Acordou em sua cama banhado de suor, não entendia o que acontecera naquela noite. Trocou a roupa e percebeu que tremia muito e estava com muito frio, se agasalhou e o frio não passava, era como se ficasse impregnado com aquela escuridão, mesmo acordado não conseguia concatenar o que poderia ser feito. Se cobriu e tentou se acomodar na cama, mas tinha medo de fechar os olhos. Foi quando sentiu um puxão e sentiu-se desfalecer.

Dessa vez, ao abrir os olhos, estava diante de Inácio, que o olhava com tranquilidade. Percebeu que das mãos do amigo par-

tiam luzes coloridas e estas estavam vindo em sua direção, e quando tocavam seu corpo Sebastian sentia um agradável calor e pouco a pouco foi recuperando as energias.

Então Inácio falou:

I – Sebastian, você lembra no que estava pensando no momento em que adormeceu?

S – Sim, estava recordando de um sonho que me era recorrente e pensei em contá-lo para você quando nos encontrássemos.

I – Sebastian, hoje você vai receber a sua primeira aula, seus primeiros ensinamentos e você deve prestar muita atenção, pois serão muito valiosos daqui para frente.

Meu filho, hoje você está vivendo como Sebastian, mas nem sempre foi assim. Você vem de uma linhagem de magos e por muitos séculos encarna para compreender e aceitar a grande verdade, a qual você durante muito tempo rejeitou.

Em outros tempos você foi iniciado como mago, e no começo, enquanto era aprendiz, era humilde e sempre foi muito dedicado ao aprendizado. Ainda muito jovem começou a dominar elementos como as pedras, as ervas, o fogo e a água, porém, à medida que seu poder aumentava, você também se corrompia.

Em determinado tempo, começou a acessar as artes das trevas, e, como percebia que aparentemente as magias eram mais rapidamente alcançadas, começou a perder a visão pura que tinha anteriormente e esqueceu princípios poderosos que regem as magias. O primeiro que esqueceu foi que nem todas as magias têm efeito instantâneo, que levam em conta o caminho e o merecimento de cada um. Foi nesse momento que se deixou corromper, achando que a magia negra atingia o alvo rapidamente, mas no que não prestou atenção foi que, da mesma forma que atingia o objetivo, seu corpo recebia uma marca escura. Era a responsabilidade pelo ato praticado inadvertidamente, violando o livre-arbítrio das pessoas e causando um grande mal a cada ser que foi perseguido por você.

Infelizmente, você passou muito tempo no reino das trevas até se dar conta do que tinha acontecido e o quanto você havia caído. Nesse momento foi que nos encontramos novamente.

Sim, acompanho você há várias encarnações, fui seu mestre, amigo e o tenho como filho querido do meu coração. Sentia-me triste e derrotado cada vez que você virava as costas ao meu chamado e aos meus ensinamentos, que anteriormente havia acolhido com tanto respeito.

Acompanho as suas jornadas, e mais uma vez estamos juntos para refazer esse caminho até você adquirir novamente a posição anteriormente alcançada de mago da luz.

O ambiente e o ser ao qual você foi levado há pouco era o reino em que você trabalhava como mago das trevas, onde você demorou muito tempo para perceber que era manipulado por outros seres trevosos de maior poder que o seu, e que na verdade o mantinham por perto porque causava menos dano a eles estando onde eles podiam controlá-lo, pois mais estragos faria a eles como mago da luz.

Levou muito tempo até que eu conseguisse lhe mostrar o verdadeiro caminho do qual você havia se afastado. Aos poucos consegui que me ouvisse e iniciasse a volta para o caminho. Porém esse ser não queria perder você, e tivemos que lutar muito. Foi na última encarnação que a batalha aconteceu, e você, apesar do poder da sua magia, sucumbiu, pois no fundo não tinha a ferocidade e a maldade contida naqueles seres e acabou desencarnando violentamente.

Ficamos por muito tempo no mundo espiritual até que você se recuperasse, pois consegui, apesar de todos os seus feitos, resgatar e levar você para uma colônia de apoio onde consegui, junto com outros amigos, recuperá-lo e prepará-lo para este momento no qual nos encontramos agora.

Como consegui ocultá-lo durante muito tempo dos seres das trevas, eles não conseguiram achá-lo. Ele somente o localizou porque você acessou lembranças que o conectaram com ele novamente, e é por isso que você tem que prestar muita atenção ao que vai aprender, ou melhor, relembrar daqui para frente para não ser capturado e não conseguir cumprir o propósito com o qual nos comprometemos, compreendeu?

S – Inácio, então nos conhecemos há bastante tempo? Por que não lembro de você?

I – Combinamos antes de você encarnar que somente aos poucos você teria acesso às memórias, e principalmente a mim, embora eu tenha estado junto de você desde que aqui chegou, mas fazia parte do nosso plano que eu não me revelaria até o momento em que você, por si próprio, demonstrasse a vontade de desenvolver esse conhecimento. Desde os 16 anos o mantenho oculto e o acompanho, procurando lhe inspirar reflexões e pensamentos que abrissem a sua curiosidade de conhecer mais e a sensação de que existe muito mais além do que você via.

Somente agora você chegou no ponto de maturidade em que está pronto para iniciarmos nossa caminhada novamente.

S – Nossa, eu não tinha a menor ideia do que tudo isso significava. Inácio, me responda uma coisa: no outro dia em que eu tive essa mesma experiência, não saí do meu quarto, porém quando estava fora do corpo minha mãe entrou no quarto e olhou direto para mim onde eu estava, tocou meu corpo e senti como se estivesse tocando em mim e dela saíam pequenos fachos de luz que me tranquilizavam. Você pode me explicar por que isso aconteceu?

I – Sim, com certeza. A sua mãe o acompanha há muito tempo e conhece bem a sua história. Nesta vida ela se ofereceu para vir novamente como sua mãe, já que das outras vezes ela conseguia ter influência positiva sobre você. Veio com o firme propósito de ajudá-lo e guiá-lo pelo bom caminho para que consiga sair vencedor nesta jornada. Aos poucos saberá mais sobre sua mãe, mas por ora deve saber que pode confiar todas as suas dúvidas a ela, que pode ajudá-lo em questões práticas, já que você não lembrará de muita coisa quando retornar ao corpo físico, então terá que estar atento. Vou orientá-lo em tudo o que precisar durante o dia, e à noite retomaremos o assunto sempre de onde paramos, pois seu corpo espiritual conservará todas as memórias do seu aprendizado.

S – Confesso que ainda estou confuso com tudo isso. Como saberei que quando dormir virei encontrá-lo e não irei novamente para outro lugar?

I – Com isso você não deve se preocupar, pois pedi aos seus guardiões para estarem sempre atentos na hora em que você for dormir. E, depois, estamos dentro de um propósito sagrado de resgate e protegidos pela Lei e pela misericórdia. Enquanto você se mantiver puro e interessado em corrigir seu passado, você estará sob a proteção Divina e ninguém poderá tocá-lo, porém, se mudar de ideia ou direção, não poderei mais garantir isso. Compreendeu?

S – Sim, compreendi. Não se preocupe, amigo mestre, mesmo que eu não lembre o que fiz ou o que sei, me comprometo a ficar nesse caminho. A amostra que recebi anteriormente me fez compreender que a luz é melhor que as trevas, e, se depender de mim, quero estar envolvido sempre pela luz, ahhh, disso eu tenho certeza.

I – Muito bem, então aqui vai a primeira lição: você deve se manter conectado à grande fonte universal, ou seja, começar a conhecer como funciona a espiritualidade e suas diversas formas de expressão.

O preconceito deve ser colocado de lado. Abra a sua mente para absorver e conhecer todo o conhecimento disponível no Universo, percebendo que nenhum é melhor do que o outro, e o que os diferencia são as frequências, as vibrações, e principalmente como cada um percebe esses conhecimentos e como os aplica. Tudo é uma questão de percepção e de polaridades.

Procure não julgar rapidamente se isso ou aquilo é positivo ou negativo. Analise e compreenda que é uma questão de polaridades e como cada um faz uso delas e como as aplica.

O positivo pode ser negativo e o negativo pode ser positivo. Vou dar um exemplo bem simples para que possa refletir.

Quando você faz um exame de saúde pensando que está com algum tipo de mal e o exame dá negativo, você fica aliviado por que isso é positivo, não é mesmo? Por outro lado, se esse mesmo exame dá positivo para aquele mal, isso é negativo, pois está colocando em risco a sua saúde, não é mesmo?

Então, o que é positivo e o que é negativo? Vamos aprender a pensar em polaridades e colocar sob esse aspecto que o preconceito e o julgamento rápidos são freados e você começa a analisar antes de falar e dar como certo o seu pensamento. O que acha disso?

S – Poxa vida, eu nunca havia pensado nisso. Percebo que nada sei, mas já estou com muita vontade de aprender.

I – Isso é muito bom. Por hoje é só, está na hora de voltar. Ah! Uma coisa que não pode esquecer. Lembra no início de nossa conversa, em que perguntei no que estava pensando antes de deitar para dormir?

S – Sim, lembro.

I – Pois bem, toda vez que vamos dormir devemos acalmar nossa mente de todos os problemas e confusões do dia. Entrar numa frequência mais suave e tranquila, seja por meditação, oração ou simplesmente bons pensamentos, construtivos e altruístas, vibrando em uma frequência de amor.

Pois a frequência que você acessa será a mesma à qual você está conectado naquele momento, e aí pode imaginar por que muitas pessoas sofrem de pesadelos, por que dormem com o mental poluído por cenas de filmes de terror, suspense ou com alto teor de sexo. Essas frequências levam o seu portador, ao dormir, a esses domínios, pois estão vibrando nessa frequência, não têm como acessar outra faixa vibratória, então ficam presos e escravizados por vezes nas frequências nocivas, às quais se mantêm conectados acordados ou dormindo.

Dito isso, não esqueça de, a cada vez que se preparar para dormir, acalmar primeiramente seu corpo físico, sua mente e seu espírito. Você vai descobrir que tem facilidade de se conectar em qualquer das frequências, cabe a você escolher qual lugar quer frequentar.

Pronto, volte ao seu corpo que já está quase na hora de despertar. Continuaremos amanhã. Que fiquem impressas em seu coração as vibrações amorosas do grande Pai e Criador, que seu manto de luz o proteja e o mantenha invisível aos olhos do mal, filho. Vá com minhas bênçãos.

S – Que assim seja, amigo mestre, que assim seja.

Capítulo III

A lição do rio

Assim o tempo foi passando, e o jovem Sebastian ia a cada dia mais assimilando as lições dadas pelo velho mestre Inácio.

A cada dia que passava Sebastian sentia no seu dia a dia as mudanças, não conseguia mais conviver com certas pessoas, as conversas o irritavam, todos queriam envolvê-lo com convites para ir a lugares onde a energia girava em torno de olhares lascivos, bebidas, conversas toscas e muita, mas muita sensualidade.

Sebastian começou, cada dia mais, a perceber as energias que envolviam as pessoas. Por vezes conseguia visualizar formas escuras a rondar certas pessoas, como se fossem fantasmas, e percebeu odores acres e pestilentos diferentes em diversos momentos e de acordo com as situações.

Afastara-se de seus amigos de outrora, não sentia falta deles. Por outro lado, começou a conhecer pessoas com as quais se sentia à vontade, onde as conversas eram agradáveis e enriquecedoras. Como Inácio havia dito, era uma questão de frequências, e Sebastian sentia que estava acessando outras frequências, e com certeza melhores que as anteriores, apesar de se sentir cada vez mais solitário.

Em casa as coisas começavam a mudar também. Seu pai estava cada vez mais irritado, falava muito mal da espiritualidade e tornava o ambiente da casa pesado. Sabia que tinha que ter paciên-

cia, quando chegasse a hora o pai também mudaria. Por outro lado, sua mãe estava mais tranquila, mais amorosa, e cada vez mais ele percebia as energias que a envolviam, e por vezes se encantava com as vibrações energéticas multicoloridas que a cercavam. Ela falava com os olhos, dando a entender a ele que sabia o que estava acontecendo e que ele poderia ficar tranquilo, pois manteria a energia da casa da melhor maneira que pudesse. Era como se ele pudesse ouvir os pensamentos da mãe. Sabia que havia algo sobre ela, pois Inácio dissera que mais adiante lhe esclareceria. Por ora, entendeu que deveria se manter tranquilo.

Por mais que tentasse, Sebastian não conseguia ainda lembrar de tudo o que estava aprendendo, somente tinha a nítida sensação de que algo estava mudando. Lembrava apenas de algumas coisas, pequenos fragmentos que lhe surgiam na mente quando precisava. Sabia que era necessário se manter tranquilo e em uma frequência agradável para que tudo fluísse de maneira natural. "Aprender que há um tempo para tudo, não adianta apressar o fruto", dizia para si mesmo. *"Não é pela minha ansiedade que o fruto amadurecerá, e se insistir em amadurecê-lo forçadamente ele amargará minha boca e será um fel em vez de poder saboreá-lo em toda a sua doçura."*

Estava se preparando para dormir quando seu pai bateu à porta e disse:

— Sebastian, não sei o que anda fazendo, mas estou de olho, você já não é o mesmo, veja lá o que está aprontando.

Sebastian não entendeu o que o pai queria dizer com aquilo, e por essa razão ficou apreensivo e angustiado. Quando esses sentimentos estavam dominando já o seu mental e seu emocional, lembrou-se de que tinha ouvido em algum lugar: *toda vez que vamos dormir, devemos acalmar nossa mente de todos os problemas e confusões do dia. Entrar numa frequência mais suave e tranquila, seja por meditação, oração ou simplesmente bons pensamentos, construtivos e altruístas, vibrando em uma frequência de amor. Pois a frequência que você acessa será a mesma à qual você está conectado naquele momento.*

Como por encanto foi tirado daquela energia e começou a fazer uma série de respirações que foram acalmando seu corpo físico e sua mente. Entrou em uma frequência em que sentiu que era envolvido amorosamente por uma energia que não conhecia e sentiu vontade de orar, ajoelhou-se e fez uma prece: "Divino Criador, Amados Senhores do tempo e todas as coisas que existem neste mundo e em todo o Universo, agradeço sua bondade e torno-me seu leal servo. Que sua bondade me acolha em todos os momentos de dúvidas, tristezas ou confusão, que somente a sua Luz radiante tenha acesso à minha vida e ao meu coração, que eu possa sempre, onde estiver, compartilhar seus ensinamentos e suas virtudes para que seus filhos assim como eu encontrem o verdadeiro caminho para casa. Amém".

Deitou-se e logo adormeceu. Inácio já estava à sua espera e o recebeu com um longo abraço e foi logo dizendo:

I – Vamos, meu filho, temos muito o que fazer hoje, porém, não serei eu a acompanhá-lo e sim meu fiel amigo aqui presente. Apresento-lhe Felipe.

Felipe era um homem de idade avançada, porém com um sorriso jovial, apoiava-se naquele momento em seu cajado e lhe sorria com um sorriso sincero e cativante, ao que Sebastian falou:

S – Olá, Felipe, prazer em conhecê-lo. Se é amigo fiel de Inácio, também será meu, pois tenho muito a aprender. Posso fazer um comentário?

Felipe, que já sabia o que Sebastian iria perguntar, deu uma risada na qual se sacudiu todo, e parecia que estava se divertindo com a situação.

S – Eu ainda nem perguntei e o Senhor já está rindo?

F – Desculpe-me, meu filho, mas já sei o que vai perguntar, porém não vou privar você de tal questão, por favor, pergunte.

Sebastian, meio sem jeito, perguntou:

S – O senhor é um preto velho?

Foi aí que Inácio e Felipe se divertiram mais ainda.

F – Por que você acha isso, meu filho?

S – O senhor me desculpe, mas é a imagem de um preto velho que vi uma vez e nunca mais esqueci.

F – Como ele se chamava, meu filho?

S – Pai Benedito.

F – Hummm, e você conversava com ele?

S – Não, nunca falei, ele somente aparecia e depois desaparecia, nunca tive a chance de conversar.

F – Pois bem, há coisas que têm o seu tempo certo para se revelar, não é mesmo? Por ora, vamos começar a lição de hoje, está bem?

S – Sim, senhor Felipe, sou todo ouvidos.

F – Então vamos começar.

Felipe levantou a seu cajado e a paisagem à volta deles se modificou. Agora estavam em um lindo lugar, uma paisagem magnífica com flores, árvores, uma relva fresca e muito verde como nunca havia visto antes e um lindo rio que corria cristalino à sua frente. Sebastian ficou encantado com a beleza do lugar e perguntou:

S – Felipe, como você nos trouxe aqui tão rapidamente?

F – Você lembra que Inácio explicou sobre vibrações e frequências em outra ocasião? Pois bem, acessamos a frequência que dispõe dos elementos de que preciso para nossa conversa de hoje e para que você entenda na prática a lição que o rio tem a nos ensinar. Está pronto?

S – Sim, com certeza. Vamos à lição.

Felipe o convidou a caminhar com ele pelas margens do rio e começou a explicar que a natureza tem a sabedoria para nos ensinar tudo o quanto precisamos, porém temos que abrir nossos olhos e nos permitir observar as nuances e os pequenos detalhes contidos em grandes lições.

F – Veja, Sebastian, falarei por parábolas para que guarde em sua memória o ensinamento de hoje. Preste atenção, sim?

E o velho Felipe assumiu um ar de muita sabedoria naquele momento. Sebastian sentiu a força que vinha daquelas palavras, de forma simples, porém ditas com a firmeza e a sabedoria de um verdadeiro mestre.

F – Hoje como um rio caudaloso que corre para o mar, ontem era um pequeno filete de água deixando a nascente e formando um leito.

A caminhada espiritual é assim, nasce e se descobre fonte inesgotável que se aventura pelos caminhos diversos, sem perder a identidade da fonte.

O filete que se aventura na caminhada encontra obstáculos antes de se tornar e se reconhecer força pura.

No início frágil e inseguro, começa a percorrer um caminho onde encontra pedras de diferentes tamanhos e margens que o limitam. Por vezes, em grandes quedas de água que aparecem de repente, cai com força e arrasta com violência.

A violência simboliza a própria luta, que muitas vezes dá a impressão de se estar lutando com os outros, mas que na verdade é uma luta consigo mesmo, se debatendo com suas próprias escolhas, não compreendendo os "porquês" da caminhada.

Lutando contra emoções e sentimentos fortes que mais parecem um rio em tempos de cheias: revolto, barrento e violento, arrastando tudo o que está próximo.

Quando encontra seu eixo, para e forma um leito calmo e pacífico, onde vai acomodando tudo entre as margens.

Deixando-se raso e profundo ao mesmo tempo, dando vida e deixando a vida se estabelecer às suas margens. E, quando finalmente entende seu propósito, respira e se vê sábio.

Quando a tempestade chega, se agita com o vento, mas

deixa ao mesmo tempo o vento agitar a sua superfície, e lá dentro está calmo, pois alcançou a compreensão da caminhada.

Hoje aprendeu a contornar as pedras pequenas e as grandes, aprendeu a perceber que as margens não mais o limitam e nem o contêm, mas que são um contorno que dão beleza a sua forma.

Percebe que se tornou um espelho, onde tudo o que está no céu se reflete nele, e que esse espelho se funde com o todo, mas ao mesmo tempo é único e indivisível. Não mais se divide e sim compartilha, não mais carrega contra vontade, mas faz com que deslize em movimento suave e natural, em que abastece com suas águas toda a vida que está a sua volta.

Assim é a caminhada espiritual, muitos se encontram revoltos, agitados, caindo de grandes quedas e ainda arrastando tudo ao seu redor.

Isso faz parte do crescimento e do desenvolvimento espiritual. Nossos guias e mestres ora são as margens que nos dão limites, ora são os grandes ventos que tentam nos conter com amor e cuidado até encontrarmos a calmaria em nossos corações.

São eles que preparam o lugar, que nos acomodam pouco a pouco.

São eles que nos fazem perceber que lutar não significa brigar e que ser forte não significa ser devastador. Que controlar não é o mesmo que conter.

Fúria não deve ser controlada e sim contida, assim como não devemos escolher a quem amar, pois o amor deve ser distribuído a tudo e a todos.

Assim como o rio aprende a se movimentar serenamente, nós podemos aprender que somos fonte inesgotável de Amor e compartilhar vida e sabedoria com todos os que nos acompanham nesta jornada de Luz e Evolução.

Assim como o rio encontra muitos desafios em seu caminho, meu filho, você também encontrará, muitas vezes perceberá que as pessoas a sua volta quererão mudar forçadamente o seu curso, assim como muitos alteram o curso natural do rio, mas lembre-se, tudo o que é alterado de maneira involuntária para satisfazer desejos alheios, seja por cobiça, poder ou ganância, tem seu preço. Assim como o rio um dia volta a buscar o leito antigo e seu curso natural. Muitas vezes é difícil manter-se no curso original em razão

de muitas escolhas que precisamos fazer, mas deve sempre lembrar que um dia o curso natural deverá ser retomado. Não há problemas em mudar o curso por um tempo. O grande perigo consiste no tipo de escolha que fará, pois algumas escolhas são por demais nocivas à nossa caminhada, e os perigos que encontrará na maioria das vezes são aqueles que vêm de dentro, e a maior prisão que um ser humano constrói para si é sua consciência, e entre os maiores perigos estão: o ego, a luxúria, a ganância, o orgulho, a inveja e o preconceito.

Com o tempo falaremos sobre cada um deles, mas agora vamos caminhar um pouco em silêncio para que possas absorver a beleza desse lugar e se deleitar com essas vibrações energéticas às quais fomos apresentados nesta tarde tão agradável.

Caminharam por muito tempo, e sentaram-se embaixo de uma frondosa figueira. Então Felipe parou e olhou para Sebastian, dando a ele a oportunidade de perguntar.

S – Felipe, você falou sobre escolhas. Como vou saber se estarei fazendo as escolhas certas?

F – Não saberá, meu filho, terá que confiar em si mesmo e na luz que o guiará durante a sua jornada por esta vida. Mas, entenda, não existem escolhas certas ou erradas, existem apenas escolhas. O certo e o errado é a percepção que você terá da situação no momento em que tomar a decisão, assim como a percepção aos olhos de quem verá de fora a decisão tomada por você. O importante é compreender que deve dominar a vontade de se refugiar no medo e na culpa, pois estes são dois venenos que corroem e destroem muitas vidas.

Tenha a consciência de que naquele momento em que tomou determinada decisão era o que você sabia e o que podia, ou seja, o que estava ao seu alcance naquele momento.

Certo e errado é uma questão de perspectiva, e só existe uma coisa que você não pode mudar, e sobre esta você nunca terá o domínio, que será sobre a morte, que se abate sobre o justo e o pecador de igual modo, e o que os diferencia não é a quantidade de seus erros, mas como lidou com cada um deles. Compreendeu, meu filho?

S – Sim, compreendi. Sei que terei muito o que aprender e percebo que apenas em uma encarnação não conseguirei dar conta de tudo o quanto tenho que aprender, pois nada sei e minha caminhada está apenas começando.

F – Não se aflija, meu filho, terá todo o tempo de que precisar. Algumas coisas demoram mais para se aprender, principalmente as ligadas às emoções, que como o rio nos arrastam por vezes, nos ferindo no caminho. O importante é que esteja atento ao caminho e não tenha medo de aprender. Ouse se aventurar e confiar na grande Sabedoria do nosso Criador.

Bem, nossa lição acaba agora, mas nos encontraremos em outros momentos com certeza, e se precisar de alguma coisa pode me chamar em seu pensamento que logo estarei ao seu lado para auxiliar se precisar, está bem?

Venha, vou apresentar você ao guardião que estará destacado para buscá-lo e levá-lo para cada uma das vezes em que tiver que se afastar de seu corpo físico. Apresento-lhe Nathanael, que tem permissão para se movimentar livremente no mundo espiritual. Se estiver em alguma dificuldade, conecte-se a ele, que também poderá ajudá-lo, será por ora seu segurança, está bem?

S – Sim, Felipe, obrigado. Prazer em conhecê-lo, Nathanael.

N – O prazer é meu, jovem mago. Já nos conhecemos de outros tempos, aos poucos lembrará de mim. Vamos?

E assim Nathanael acompanhou Sebastian até sua casa. Quando estavam chegando, Nathanael jogou sua capa sobre Sebastian e pediu que ficasse em silêncio e apenas escutasse.

Mal acabou de cobrir Sebastian, que desapareceu como se não estivesse ali, uma voz gritou:

– Quem vem lá? Mostre-se e diga o que quer nestes domínios.

Nathanael respondeu:

N – Sou Nathanael, guardião dessa casa. Diga-me você quem é e o que faz aqui.

Naquele momento uma forma escura se mostrou e, querendo intimidar o guardião, falou:

– Sou servo do senhor das trevas, e ele requer o direito de buscar o mago que aqui vive, pois é seu servo também e ainda tem dívidas com meu senhor.

Respondeu Nathanael:

– Diga ao seu senhor que nesta casa não tem servo seu e que está invadindo meus domínios, pois todos que moram aqui estão sob minha proteção e, mais, sob a proteção dos Sagrados Tronos. Retirem-se, nada do que aqui está vos pertence.

A sombra cresceu a fim de mostrar superioridade e disse:

– Quem você pensa que é para falar assim comigo? Não sairei daqui até levar cativo o espírito do mago.

N – Pois de agora em diante saberá quem sou e se afastará desses domínios, pois se aqui o ver de novo não restará muito de você para levar a mensagem ao seu senhor. Sou o guardião das Sete Encruzilhadas, nada do que está fora de meus domínios vou requerer, porém aos que estão nos meus domínios protegerei, e somente uma vez avisarei: se novamente pisar nestes domínios que são meus, não o pouparei. Daqui nada levará, porém aqui deixará todas as suas intenções e nunca mais retornará. Estamos entendidos?

Naquele momento, a sombra já estava no chão, reduzira ao seu tamanho, e o pavor havia tomado conta de si.

S – Não me castigue – dizia ao guardião.

N – Não cabe a mim castigá-lo, seu próprio estado de servidão já o castiga. Agora vá, e que o Criador que a tudo vê tenha misericórdia de você, que no tempo certo terá de prestar contas de seus atos. Agora, vá.

Sebastian, que a tudo ouvia em silêncio, ficou com muito medo, não entendia o que estava acontecendo, e já tinha ouvido

falar do guardião das Sete Encruzilhadas. Pensava que ele era um demônio, segundo o tinham descrito certa vez em que fora a um Centro de Umbanda em companhia da mãe.

Não sabia ele que o guardião ouvia seus pensamentos.

N – Vamos, jovem mago, pode sair agora, não há mais perigo e por longo tempo não haverá, mas mantenha-se em alerta, entendido?

S – Si... Sim, pode deixar.

N – Como disse a você antes, somos conhecidos de longa data, nada precisará temer, pois quando eu não puder estar presente aqui estará um dos meus companheiros. Você não ficará sozinho a partir de agora, pois todos já estão sabendo que você despertou. Ainda tem muita coisa que lembrará, mas por ora deve saber que deixou muitos inimigos e poucos amigos em sua encarnação anterior e gradualmente cada devedor se sentirá no direito de cobrar suas dívidas. O que precisa agora é confiar naqueles que estão com você e o acompanharão até que tome a consciência necessária para reparar alguns enganos e trilhar este caminho, como falou o velho Felipe: assim como o rio retorna ao seu curso natural, assim você também terá que fazer, é claro, se assim entender que seja o correto.
Ah!! Mais uma coisa, não sou demônio, e de mim não precisará ter medo – e soltou uma sonora gargalhada.

No mesmo instante, Sebastian foi puxado para seu corpo, que se esticou como que para encaixar melhor, e, sem consciência do que tinha acontecido, continuou a dormir.

Ao lado de sua cama estavam Inácio, Felipe e Nathanael.

I – Temos um longo caminho pela frente, pois ele ainda é jovem e muitos são os que o querem ferir.

F – Sim, caro amigo, mas o Pai não desampara os filhos que querem retornar ao caminho. Estaremos prontos para ajudá-lo a acordar para a verdadeira vida.

N – Sim, amigos, porém a nossa vigilância terá que ser permanente. A despeito do que aconteceu hoje, não podemos vacilar, temos que ficar atentos.

I – É por isso, irmão guardião, que contamos com a sua ajuda.

F – Bem, por hoje já está terminada nossa missão, vamos preparar a próxima lição, que Sebastian receberá amanhã.

N – Vão, meus irmãos, na proteção do nosso Divino Pai e Criador. Ficarei mais um pouco, vou criar um campo de proteção para essa casa, sei que posso contar com a sustentação da nossa irmã encarnada que está sempre vigilante.

I – Fique na paz, irmão guardião.

N – Vão na paz, irmãos pretos velhos.

Capítulo IV

A lição da cidade

Ao acordar, Sebastian sentiu em seu corpo as boas vibrações. Sentia-se bem, e a cada dia ao acordar recordava-se de alguns pontos aos quais havia aprendido durante o sono, fazendo o máximo de esforço para conservar as lembranças. A mãe, atenta, percebia a mudança diária do filho, nada mais era igual, tudo estava mudando de uma forma positiva e ela estava acompanhando a distância o despertar do filho, pois no tempo certo ele saberia qual o papel dela nessa história tão bonita que é a jornada de cada um.

Passamos pela vida sem realmente saber quem são nossos verdadeiros amigos, quem é quem em nossa vida perante a eternidade, além de não fazermos a mínima ideia das equipes de amigos e irmãos que nos auxiliam e nos encorajam no dia a dia.

A jornada é muito pessoal, não tem a ver com os outros, tem a ver com cada um em particular, e por essa razão a caminhada na maioria das vezes é solitária.

A busca é muito pessoal, ninguém vai conseguir responder a contento nossas indagações, pois, por mais que procuremos encontrar a resposta nos outros, esta resposta não vai nos satisfazer completamente.

Então nossa busca começa. Passamos pelos mais variados estágios, e os mais ousados entram de cabeça nos aprendizados e nas experiências. Tem aqueles que se acomodam e protelam o

maior tempo possível o início da caminhada espiritual. Outros apenas deixam o barco andar, a cada nova experiência se empolgam no momento e logo se acomodam e esquecem, não têm disciplina. Há ainda aqueles que não se importam, questionam tudo, mas não acreditam em nada.

Esses comportamentos são bem familiares. Certa vez, Jesus, ao explicar a parábola do Semeador em Mateus 13, comparou as sementes caídas em diversos solos e descreveu o que acontece com cada uma delas. Veja que, no final, somente "a semente que cai em terra fértil é aquela que prospera produzindo generosa colheita".

Assim começa a nossa viagem rumo ao conhecimento de nossa alma, ou seja, o conhecimento de nós mesmos.

Certa vez, ouvi uma explicação sobre a diferença entre alma e espírito que dizia: Alma é o que nos movimenta, são as nossas memórias, o nosso intelecto, onde guardamos todo o histórico de nossa existência. Espírito é o que realmente somos desde que fomos criados, pois não somos, estamos. A psicoterapia reencarnacionista trabalha bem esse tema, trazendo à luz de uma outra forma a importância da reforma íntima e sugerindo que somos espíritos antigos. Não somos hoje o que pensamos ser, nós estamos representando um papel nesta existência, somos muito mais do que isso, somos seres grandiosos, com muitas experiências vividas, o que nos torna especiais, seres muito especiais.

Nesta vida estamos vivendo o que nos propusemos a vivenciar, o que escolhemos para nos tornarmos melhores, para curarmos feridas antigas, para perdoarmos desafetos e aprendermos as virtudes que nos faltam.

Assim, começa o nosso despertar, a nossa caminhada, e nem sempre acontece da maneira como esperávamos ou idealizávamos, apenas acontece e está perfeitamente correto, do seu jeito, do jeito que tem que ser.

Assim, cada um começa sua jornada pessoal, muitas vezes se debatendo ante as muitas contrariedades que irão se apresentando, mas, independente de cada situação, cada um aprende exatamente o que tem que aprender, ou não, e neste caso a situação irá se repetir tantas vezes quantas forem necessárias até finalmente aprendermos.

Sebastian estava no início de sua jornada, e o início sempre é encantador, as pequenas descobertas são muito valorizadas e a empolgação toma conta, não cabemos dentro de nós de satisfação, pois pensamos que tudo é maravilhoso, mágico, meu Deus, como pude passar tanto tempo sem saber que o Deus de minha infância existe e é muito generoso?

Muito bom. Quando as coisas são agradáveis, coloridas, suaves, convidativas, estamos sempre prontos, mas o ponto não é esse, o grande ponto é justamente quando as coisas não são tão bonitas ou agradáveis, quando as dores batem à nossa porta, e na maioria das vezes esquecemos rapidamente tudo o que aprendemos e nos entregamos à tristeza e à lamentação, que nos jogam em frequências baixas, anulando momentaneamente nossas capacidades de reação e de olhar as provas como oportunidades de aprendizado e crescimento.

Somos frágeis e, muitas vezes, como as ondas do mar, nos debatemos e nos lançamos de encontro às pedras, até recuperarmos ou lembrarmos do que sabemos e de quem somos, ou como, na maioria das vezes, encontramos com um "Anjo esclarecedor" que vem em nosso auxílio. Por vezes são nossos amigos, família, conhecidos, e por outras são os desconhecidos que encontramos, que nos auxiliam e desaparecem, reaparecendo quando precisamos deles.

Não era a primeira vez que Janaíra acompanhava Sebastian, pois já tinha sido sua mãe em outra ocasião. A ligação com Sebastian era antiga e ambos haviam firmado um acordo em que sempre se apoiariam, assim conseguiriam enfrentar com mais ânimo suas provas quando encarnados na Terra, pois os laços que os uniam eram de amor eterno, aquele amor que é aprendido somente quan-

do vencemos a tentação de controlar e aprisionar emocionalmente quem está ao nosso lado. Sim, Janaíra tinha aprendido essa lição há muito tempo, com sofrimento, pois nos recusamos a aprender com amor. Esse é o instinto que nos aprisiona a emoções de apego, de confronto, como se pudéssemos pegar à força o que nunca foi nosso. O verdadeiro amor é aquele que dá liberdade ao outro para que voe e cresça independente de você mesmo, não como metade, mas como ser inteiro que cada um de nós somos. Aprendemos que temos de buscar nossa metade; discordo, pois aprendi que não somos fragmentos ou metade dos outros, podemos sim ser fragmentos de nós mesmos aprendendo em metades diferentes em outras realidades neste Universo multidimensional, mas aqui somos inteiros, buscando outro ser inteiro para viver uma experiência na carne e crescermos juntos e compartilharmos experiências que mais tarde serão conhecimentos adquiridos que ajudarão na compreensão desse caminho rumo à nossa libertação.

Assim, Janaíra tinha aprendido a ser livre, e tudo o que queria agora era que Sebastian entendesse o valor da liberdade e desejasse cada dia mais conhecer o verdadeiro sentido da nossa vida aqui na Terra, libertando-se da ilusão que nos torna reféns, cegos das grandes verdades universais.

Enquanto isso, em outra dimensão, os amigos conversam sobre o rumo dos estudos de Sebastian.

F – Inácio, você acha que Sebastian conseguirá lidar com as situações que estão se formando neste plano? Em breve ele começará a ser atacado, pois alguns de seus desafetos já o estão identificando na carne.

I – Sabíamos, amigo Felipe, que isso iria acontecer, não conseguiríamos escondê-lo por muito tempo. Apenas conseguiremos retardar o máximo que der o acesso a ele. Porém temos que começar a fazê-lo se lembrar de sua responsabilidade para com todos a quem um dia em sua ignorância ele prejudicou. Terá que aprender o valor e a responsabilidade sobre tudo o que aprendeu um dia para tornar-se um mago da luz, um servidor acima de tudo do nosso Criador.

F – Sim, este é um bom tema para explorarmos, pois dessa forma ele irá tomando consciência de seu propósito e oportunidade nesta encarnação.

I – Temos que ter cuidado para que ele absorva da forma correta essas informações e que não se desequilibre, senão estará à mercê de seus inimigos e será mais difícil recuperá-lo, pois a culpa é um sentimento devastador que fecha a mente e o coração das pessoas, impossibilitando por longo tempo a cura e o resgate.

F – Tem razão, velho amigo, este tem sido um dos venenos mais difíceis de curar nos últimos tempos. Pois a cura é de dentro para fora, e a pessoa tem que estar disposta a encarar seus equívocos e assumi-los para que a cura aconteça. A vergonha do equívoco cometido fecha a mente das pessoas que não procuram explorar as razões por terem agido daquela forma. Esquecem-se de que, quando encarnados, a matéria lhes tolhe o conhecimento mais amplo adquirido em suas outras vidas, conseguindo enxergar somente o que está a sua frente, sem acesso a outras informações que enriquecem o contexto de sua existência.

Nesse momento, Nathanael se aproximou dos dois instrutores.

N – Salve, amigos, que a Paz do Criador esteja com vocês.

F – Salve, amigo guardião.

I – Salve, guardião, quais são as novidades?

N – Venho de uma ronda mais minuciosa. Desde que deixei o jovem mago em sua casa, firmei uma segurança de proteção, pois muitos já o estão localizando, e não conseguiremos ocultá-lo por muito tempo mais. Deixei nas imediações de sua morada alguns outros guardiões que farão a vigília permanente.
Diga-me, amigo Inácio, na primeira vez que estive lá não havia identificado Kayla, que está ao lado do jovem mago. Ela será de grande ajuda.

I – Sim, guardião, será. Kayla agora se chama Janaíra, e ela mesma se ofereceu para vir com o jovem mago.

N – Imagino, grande luz e desprendimento ela deve ter, pois na última vez em que se encontraram o jovem mago causou-lhe grandes aflições.

I – Sim, guardião, mas Kayla tem uma grande caminhada, e ao longo do tempo foi adquirindo muita luz. Quando se ofereceu para acompanhá-lo, foi grande a sua generosidade. Pois outra em seu lugar talvez não tivesse a clareza da importância que este momento representa para o resgate do jovem mago, mas isso é assunto para outro momento, vamos buscar o nosso menino para mais uma lição.

N – Pode deixar, vou buscá-lo, farei isso pessoalmente.

Em poucos minutos já estavam reunidos o Sebastian, Inácio, Felipe e o guardião.

Sebastian olhava desconfiado para o guardião: "Será que ele escuta meus pensamentos?".

N – Sim, jovem mago, escuto, pois você não os sussurra, você os grita, é impossível não o escutar.

S – Me perdoe, ainda não sei muita coisa e ainda fico confuso na maior parte do tempo.

I – Não se preocupe, meu filho, é assim mesmo, mas em breve estará mais familiarizado com tudo.
Hoje você estará sob a tutela de uma amiga muito querida que lhe ensinará algo a que deve prestar muita atenção, pois a partir de agora algumas coisas começarão a lhe ser reveladas. Ela já está chegando.

Naquele instante uma luz suave começou a tomar forma próximo a eles. Era uma jovem muito bonita, e estava vestida de forma que surpreendeu a Sebastian. Trazia com ela um tridente na mão esquerda e uma espada no lado direito e estava vestida como guerreira, sua roupa era de um verde-escuro quase negro, com uma armadura dourada, o que lhe dava um contraste muito bonito. Era altiva e ao mesmo tempo emanava segurança e grande tranquilidade.

Sebastian ficou como hipnotizado olhando para aquela guardiã. Não tinha palavras para expressar a sua surpresa, nunca tinha visto nada igual.

A guardiã se apresentou com um sorriso.

– Vejo que ficou surpreso ao me ver, mas fique tranquilo, serei sua instrutora de hoje. Me chamo Meryadís.

S – Bem, muito prazer, Meryadís, perdoe-me se fiquei encarando, nunca vi alguém como você antes.

M – Ah!!! Isso viu, o que acontece é que não lembra. Mas fique tranquilo, tudo a seu tempo. Está pronto?

S – Sim, senhora, estou pronto.

Todos ficaram olhando a partida dos dois. Nathanael disse aos amigos que os acompanharia a distância para que Meryadís não tivesse que se preocupar com possíveis distrações. Disso ele cuidaria, era seu campo de atuação, pois ele era um dos servos do Senhor, guardião das Sete Encruzilhadas.

Em questão de segundos Meryadís e Sebastian chegavam ao que parecia uma cidade.

M – Hoje vamos conversar sobre o que encontramos ao caminhar pelas ruas das nossas emoções e ver como é bom viajar, aprender, ver novas paisagens, crescer...
Você já viajou para dentro de si, Sebastian?
Você sabia que para conhecer uma cidade temos que percorrer suas ruas, para viajar a lugares distantes temos que traçar uma rota, pegar um mapa e escolher o melhor caminho? Você conhece as ruas da sua cidade interior, Sebastian? Você tem o seu próprio mapa? Você tem um mapa para explorar o que realmente você é?
O quanto você se conhece?

A sua cidade é cheia de cercas, muros, grades? Como é a iluminação? Fraca, forte, normal.... Como é o clima? Agradável, chuvoso, tempestivo?

Como é o aroma desse lugar? Acre, suave, cítrico ou intragável? Como essa paisagem é composta? Como você se sente transitando pelo seu mundo interior? Existe a vontade de se descobrir, aparar arestas, perdoar, e seguir em frente?

S – Não sei o que responder, Meryadís, nunca pensei em nada disso.

M – Certo, então preste atenção, não precisa me responder, apenas me acompanhe, depois teremos tempo para que pergunte se sentir a necessidade, está bem?

Perceba que muitas vezes criamos um Universo paralelo ao nosso mundo real, onde escondemos "tesouros" que não queremos revelar, relíquias que guardamos de muito tempo atrás. Mas chega um determinado momento em que temos que mexer nesses tesouros, ou para poli-los ou para descartá-los.

Quando precisamos descartá-los, não será necessariamente porque não prestam mais ou não têm valor, mas sim porque já não precisamos mais deles, o seu propósito já foi cumprido.

Ao mexer nesses tesouros, encontramos partes de nós que foram esquecidas e que estão fazendo falta, assim como também encontramos partes de nós que não conseguimos olhar sem nos entristecermos. Porém, cada peça remexida, querendo ou não, faz parte de nós. Olhar com carinho para cada peça e entender que já serviu ao seu propósito, sem dores, é trazer para a consciência e aceitar o que já "fomos" e o que realmente "somos" no agora. O que passou deve apenas servir como referência e não dirigir o nosso agora. As mudanças são constantes, as escolhas são diárias. Lembrando sempre que no momento em que escolhemos o fazemos baseados no que podemos e no que sabemos naquele exato momento, e saber que se não fizermos diferente é porque simplesmente não tínhamos os recursos necessários para fazer diferente no momento daquela decisão especificamente. Por essa razão pergunto: o quanto você se conhece?

Nunca é tarde para fazermos a mala e partirmos em direção a uma jornada interior.

Enquanto explicava, Meryadís caminhava com Sebastian, e as imagens que ele via eram moldadas de acordo com as palavras da guardiã. Ficou impressionado com montes de lixo acumulado nos cantos, e quando ela falava do clima este se manifestava de acordo com a estação mencionada. Fixou ainda mais a atenção quando Meryadís continuava a explicar:

— Nossas cidades internas são complexas, cheias de surpresas. Assim como temos avenidas largas, pavimentadas e iluminadas, também existem becos escuros e úmidos.

Nesse momento Sebastian sentiu um calafrio que o incomodou, pois parecia que sua alma gelara naquele momento.

— Aceitar que existe isso sem preconceitos consigo mesmo faz com que aos poucos levemos luz aos becos escuros e o Sol para que seque a umidade nos cantos escondidos. Além disso, podem surgir lindos jardins, ampliando assim os nossos limites e nos fazendo perceber que podemos criar cidades maravilhosas, não importando se são pequenas ou grandes. O que importa é que conhecemos cada uma delas e sabemos que os tesouros que ali existem não estão mais escondidos, e sim que podem ser compartilhados com quem amamos ou com os viajantes que estão iniciando a sua jornada.

Somos muitas personalidades dentro de uma mesma existência, por essa razão é importante nos conhecermos e sabermos que somos Luz e Sombra, aprendendo a manejar com sabedoria cada uma das habilidades que recebemos, para transitar com liberdade em cada um dos mundos que visitarmos.

Conhecimento e sabedoria são dois elementos que de mãos dadas nos ensinam que "A verdade traz as mentiras para a Luz".

Viver com sabedoria é perpetuar o conhecimento ancestral que vive dentro de cada um de nós.

Por essa razão, Sebastian, estamos aqui, para que aos poucos você comece a lembrar alguns pontos que precisa enfrentar neste momento. Tirar situações que estão escondidas nos becos escuros e aos poucos ir conhecendo o que realmente representam para você. É importante fazer essa limpeza para que você possa caminhar com liberdade e cumprir o seu propósito.

Você está há muito tempo sendo ocultado de situações passadas por misericórdia do nosso Criador, que vê em você um espírito de luz que se equivocou em alguns momentos e que precisa se resgatar novamente, mas para isso precisará de muita determinação e coragem para enfrentar o seu pior inimigo. Você mesmo.

S – Meryadís, quando você falava dos becos escuros e úmidos parece que minha alma gelou e senti muitas coisas que não consegui entender, porém me controlei, pois não queria perder as suas palavras que me esclareciam naquele momento.

M – Já esperava que isso acontecesse, jovem mago.

S – Por que todos me chamam de jovem mago?

M – Porque você é, somente não lembra no momento, mas a tarefa de acompanhá-lo nas recordações não é minha. Estou aqui somente para despertar em você a vontade de conhecer-se a si e conhecer as muitas avenidas e os becos que compõem a sua cidade.

À medida que começar a lembrar também acessará lembranças cruéis e doloridas, por essa razão primeiro tem que se fortalecer, jovem mago, para ter resistência.

Agora, uma das coisas mais urgentes que tem a fazer é orar e conectar-se a todo o conhecimento que já existe dentro de si.

Ore com o coração aberto ao nosso Criador e Pai que nos dá forças, sustentação e energias para seguirmos em frente.

Vamos, vou levá-lo novamente aos amigos pretos velhos.

S – Pretos velhos?

M – Sim, está sob os cuidados de dois grandes curadores, que estarão com você em qualquer situação, basta você confiar neles e não se esquecer de que na maior escuridão eles serão a luz a guiá-lo.

S – Não esquecerei. Mas eles não se parecem com pretos velhos por quê?

M – Porque eles se apresentam a cada um de acordo com o que a pessoa entende naquele momento, senão no seu caso, se ele se apresentasse no parque a você como preto velho, o que você faria? Você o escutaria ou deixaria o seu preconceito falar mais alto?

S – Sim, você tem razão, sinto que ainda tenho muitos preconceitos e não entendo bem onde se originaram, é assim em relação a outras coisas também.

M – Na maioria das vezes o preconceito se origina do desconhecimento de algumas das leis que regem o nosso mundo e principalmente da ignorância, da intolerância e da hostilidade ainda vigente nos tempos atuais.

S – Com certeza de minha parte é a ignorância em relação ao que sou, achando que posso ser melhor que meu semelhante. Lembro-me quando criança de ter ouvido muitas coisas pejorativas em relação a raças, crenças e religiões e me pergunto se ali seria a origem de que meu pensamento possa ter se fechado em relação a esses assuntos, mas por outro lado também fico a me questionar por que os mantive sem buscar o esclarecimento necessário para trazer o assunto à luz. Na verdade fiquei inerte por muitos anos sem ter feito nada para mudar isso também.
Bem me lembro que há pouco você me falou "que a verdade traz as mentiras para luz". Não compreendi bem o que quis dizer com isso, mas começo a entender um pouco mais.

M – Sebastian, procure compreender que a Verdade é uma só, porém os pontos de vista de cada um é que são diferentes. Pois algo que é verdadeiro para mim pode não ser para você, porque você tem a sua verdade e suas crenças, entende? Tem o seu próprio mapa interno, que o faz agir de acordo com seus valores, suas crenças e suas verdades.

S – Ainda não compreendo bem, Meryadís, mas vou me esforçar para compreender em profundidade o que me explica, prometo.

M – Não precisa ter pressa, jovem mago, tudo tem um tempo certo para acontecer. Lembra o grande Mestre Jesus quando falou que existe um tempo determinado para tudo? Lembra-se do que ele disse lá no livro de Eclesiastes 3?

"Tudo tem o seu tempo determinado, e há tempo para todo o propósito debaixo do céu.

Há tempo de nascer, e tempo de morrer; tempo de plantar, e tempo de arrancar o que se plantou;

Tempo de matar, e tempo de curar; tempo de derrubar, e tempo de edificar;

Tempo de chorar, e tempo de rir; tempo de prantear, e tempo de dançar;

Tempo de espalhar pedras, e tempo de ajuntar pedras; tempo de abraçar, e tempo de afastar-se de abraçar;

Tempo de buscar, e tempo de perder; tempo de guardar, e tempo de lançar fora;

Tempo de rasgar, e tempo de coser; tempo de estar calado, e tempo de falar;

Tempo de amar, e tempo de odiar; tempo de guerra, e tempo de paz."
(Eclesiastes 3:1-8)

Medite sobre essas palavras, elas lhe serão muito úteis mais adiante.

S – Sim, vou fazer isso, guardiã. Você é uma professora? Pelas suas roupas achei que fosse uma guerreira.

M – Sou guerreira sim nos exércitos do nosso Criador, sou também guardiã do conhecimento que me foi transmitido e, se assim entender, também sou professora de quem precisar dos conhecimentos que tenho, mas nunca esqueça, são apenas títulos que são vazios em si mesmos, prefiro ser chamada de serva do meu Criador a quem amo e sirvo em todos os minutos de minha existência. Pois nada sou além de sua serva caminhando pelos seus campos e aprendendo a cultivá-los dia a dia.

Bem, jovem mago, por hoje o que eu teria que lhe mostrar eram esses conhecimentos. Vamos retornar, nossos amigos já estão a nossa espera.

S – Sim, guardiã. Vamos.

Ao chegarem no ponto de encontro, Sebastian mais uma vez se surpreendeu com a paisagem a sua volta. Estavam todos a esperá-los em uma grande clareira no meio de uma mata muito verde, com campos de flores de uma beleza indescritível e um perfume maravilhoso.

Estava Nathanael em pé e dois negros com as feições mais amorosas que ele tinha visto até aquele momento. Ninguém precisou falar o que tinha acontecido, pois identificou os dois amigos Inácio e Felipe naqueles olhares amorosos que lhe eram dirigidos.

Ao olhar para eles Sebastian se emocionou e não conseguiu conter as lágrimas, rompendo num pranto há muito não chorado. Desvendavam-se naquele momento os primeiros fios da trama em que o jovem mago em breve se reconheceria, era parte de algo maior do que até aquele momento de seus 28 anos nunca imaginara existir.

Ao perceber sua emoção, Inácio foi ao seu encontro e o envolveu em um abraço amigo, ao mesmo tempo lhe passando vibrações que o reequilibrassem novamente.

Sebastian começou a se tranquilizar imediatamente e, um pouco sem jeito, falou:

S – Me perdoem, não sei o que aconteceu, quando os vi sentados neste ambiente algo me tocou profundamente, tive a nítida sensação de que os conhecia de longo tempo e me eram muito queridos, nesta roupagem de negros tocaram minha alma profundamente como se os tivesse reconhecido de outros tempos.

I – Sim, meu filho, não olhe somente para nós, agora olhe para si mesmo.

Sebastian baixou os olhos e viu que vestia uma túnica com vários símbolos bordados, reconheceu os símbolos, mas não sabia explicar do que se tratava.

Agora foi Felipe quem falou:

F – Filho querido, que desperta neste momento da ilusão que há muito se abate sobre você. Tenha calma que teremos muito tempo para desvendar as muitas faces de sua existência. Em nós reconheça os mestres de outrora que o acompanharam e lhe ensinaram os graus de magia que ostenta até hoje. Mesmo que não se lembre, os símbolos sagrados são impressos no seu espírito e jamais se apagam, podem diminuir a sua luz de acordo com a frequência em que escolher atuar, mas jamais serão apagados a não ser pela mão do nosso Criador, e este sempre dá mais uma oportunidade aos seus filhos que desejam voltar a servi-Lo no caminho da Luz.

I – Estaremos sempre com você, como até agora. Mesmo que ainda não se lembre, nunca o abandonamos, estivemos sempre a acompanhá-lo em suas escolhas, procurando ajudá-lo de forma que não caísse ainda mais.

S – Estou começando a compreender um pouco mais agora, porém é tudo muito nebuloso, ainda não consigo perceber como cheguei a esse ponto. Vocês me falam amorosamente, mas sinto que em suas palavras virão à tona muitas dores as quais desconheço até agora, mas algo me diz que terei que passar por momentos sombrios até me reconhecer. E agora, Meryadís, entendo sua lição de hoje, percebo que terei que entrar nos becos mais profundos de minha alma se quiser me reconhecer e me curar, e para isso conto com o auxílio amoroso de vocês, pois sei que somente aqui o encontrarei.

Entendo agora também, leal guardião, por que me protegeu com tanta bravura daqueles seres que pareciam querer minha destruição na noite anterior.

Perdoe-me se não lhe agradeci da forma apropriada, e agora lhe agradeço com todo o meu coração por estar atento e por me manter oculto de tanto ódio que ainda não sei explicar de onde vem, mas que deve existir uma razão, pois nenhum ser tem ódio dentro de si a não ser que se sinta violado ou ofendido, enganado ou traído.

Agradeço a todos vocês, pois pelo visto não devo ter sido alguém que inspirasse confiança ou virtudes. Prometam-me que me

ajudarão a lembrar e a corrigir os erros que cometi e dos quais agora não me recordo.

I – Sim, meu filho, é por essa razão que estamos aqui reunidos para conduzi-lo ao caminho de retorno ao Criador que O espera há muito tempo e que jamais se afastou de você, foi você, filho, que o renegou.

N – Amigo mago, se o protegi é porque há muito tempo, em outra ocasião, foi você quem me resgatou e me protegeu em meu pranto e dores, e estou agora apenas retribuindo as bênçãos que colocou em meu caminho.

Mas agora vamos, a alvorada já vai surgir e foram muitas emoções por uma noite apenas, vá descansar, voltarei a buscá-lo em breve.

S – Está bem, até breve, amigos do meu passado e mestres da minha jornada. Que nosso Criador os ilumine cada dia mais para que possam iluminar ainda mais espíritos sedentos de Luz.

M – Até breve, jovem mago, que agora já não parece mais tão jovem.

F – Até breve, filho, que as bênçãos do Criador o confortem e o encorajem a seguir sempre em direção a Luz.

I – Até breve, filho do meu coração, que seja leve o seu pranto.

Assim Nathanael levou o jovem mago e o acomodou, fazendo com que adormecesse rapidamente. Envolveu seu corpo e seu espírito em vibrações verde-esmeralda da cura e da verdade e em vibrações da chama azul, firmando em seu espírito o poder e a vontade de prosseguir, e com a chama cristalina pediu ao Criador, o Deus Pai e Mãe, que desse ao jovem mago a força necessária para não desistir, mas para que acolhesse seus equívocos de outrora transformando-os em determinação e que dessa vez ele não recuasse, mas que persistisse rumo a sua cura e libertação.

Capítulo V

Renascimento da alma

Renascer de novo todos os dias, vendo a beleza a nossa volta com olhos de simplicidade. Conseguir observar o orvalho doce sobre as folhagens, sobre as pétalas de flores, sobre a grama verde.

Observar o nascer do Sol e tudo que ele nos traz, o calor, a fartura, a vida. Renascer é acordar todos os dias apesar das dificuldades com olhos voltados para a vida, as coisas não são de todo negativas, sempre há beleza em todas as coisas, depende de como olhamos para elas. As "coisas ruins" nada mais são do que testes e aprendizado, e no fundo são situações criadas por nós mesmos em algum momento de nossa trajetória. Você já percebeu como as coisas são simples? O mecanismo da vida sempre está a nosso favor, nunca contra nós, e está a nosso favor mesmo quando o que fazemos é equivocado dentro da Lei e da perfeição, e em algum momento tem que ser reparado. Renovamos diariamente as nossas energias, renascemos a cada dia, isto é tão natural como dormir e acordar, e não nos damos conta de como isso é importante e é simples, não precisamos de esforço, é um movimento natural, e em cada despertar renascemos. Acordamos com novas ideias, novos sonhos, novas ambições, até uma discussão é melhor compreendida no dia seguinte. Isso é renascer, é retomar as nossas convicções, os nossos sonhos, com outros olhos, e se permitir olhar com mais carinho, com mais respeito, com mais amor para tudo o que nos cerca.

O renascimento de nossa alma começa todos os dias com o despertar da nossa consciência e do nosso coração, pois renascer é renovar atitudes, pré-conceitos, sentimentos, nos doar mais todos

os dias como se fossem estes os últimos de nossas vidas, com vigor, com energia, conseguir aprender e ensinar com mais humildade. Hoje estamos fechados em um mundo de ilusões, onde os verdadeiros valores se confundem com o que os outros esperam de nós, com as expectativas que não são nossas, são a extensão de desejos, cobiça e "sonhos", tornam-se um conjunto de elementos, causadores de conflitos em nossas vidas. Ao renascermos com consciência de algum momento adiante, procuremos viver os nossos sonhos, os nossos desejos com serenidade e responsabilidade, força e determinação, sempre rumo ao horizonte infinito, belo, paciente como nossa essência, nosso espírito, nossa alma, cumprindo sua trajetória sempre em concordância com o plano divino, descobrindo nossa maestria e principalmente o que realmente somos. Experimente a cada dia renascer em si mesmo, e com o tempo vamos aprender a nos conhecer e nos reconhecer melhor, saber quem realmente somos, sem tentarmos suprir as expectativas alheias, e sim somente nossas próprias expectativas, observando a que crenças ainda estamos vinculados, libertando nosso ser das amarras que nos escravizam. Olhando o todo com sinceridade, em que a espiritualidade não se transforma em religião e sim em liberdade, liberdade de voar e alcançar nossa própria ascensão, acreditando que somos sempre merecedores, todos somos mais do que vencedores, e cada história segue seu próprio roteiro, não adianta tentar seguir o roteiro do outro, pois os papéis são diferentes. Podemos dar uma olhada na história do outro, mas sabendo que temos que viver nossa própria história, porque os aprendizados ali contidos são nossos e de mais ninguém.

Todos nós temos uma sabedoria muito grande dentro de nós, onde moram as nossas defesas, a nossa personalidade, nosso caráter, enfim, tudo o que nos define. Nossos atos definem o que somos e quem somos. Essa sabedoria que habita em nós nos alerta, nos ensina, nos estimula, nos compreende.

1.   Nos alerta para os perigos que estamos correndo por nós mesmos, vindo dos meios externos, nos mostra a porta que devemos abrir ou fechar para nos preservar, nos alerta para pessoas, para sentimentos, para situações. Esse sinal de alerta nos ensina o quanto poderíamos evitar situações desagradáveis, mas muitos não acreditam nesses sinais, porque é difícil acreditar naquilo que não

podemos ver ou pegar, que não é materializado em nossa frente;

2.	Nos ensina a agir de maneira diferente, sempre nos mostrando os dois lados, embora seja tão mais fácil aprender o que está pronto, mesmo não concordando em sua totalidade;

3.	Nos estimula a procurar sempre pensamentos e ações elevadas, nos coloca diante de situações diversas e nos convida a vivenciá-las para aprender a sua grandeza;

4.	Nos compreende quando, apesar de seus esforços, sucumbimos ao nosso mundo material, às suas luzes e ilusões, e nos compreende tanto a ponto de nos dar sempre uma nova oportunidade.

Essa sabedoria interior contém a grandeza de Deus, nosso Criador, é sua centelha de amor que existe em cada um de nós. Essa sabedoria está sempre ali esperando ser ouvida, e sua razão de ser é nos dar direção, fazer com que possamos descobrir o nosso caminho com segurança e nos conduzir sempre em direção à perfeição, à felicidade e à evolução. Sua missão é tirar a venda dos nossos olhos, mas respeita nossas decisões, perdoa nossas escolhas e silenciosamente nos ama todos os dias, e não deixa a centelha divina se apagar de nosso coração.

Assim, essa sabedoria que convida a uma elevação estava agora falando ao coração de Sebastian, revelando a ele aos poucos o quanto algumas percepções são equivocadas e o quanto nos deixamos envolver por um mundo de ilusões até a hora de nosso novo despertar. E assim renascemos todos os dias, observando as diferenças, e de nossos olhos são retirados lentamente os véus que nos impedem de ver mais além, e assim pouco a pouco a ilusão vai dando lugar à consciência do que realmente é verdadeiro e necessário e qual é afinal o propósito, o meu propósito neste enredo planetário e meu próprio enredo no universo de minhas realidades e o que elas representam no AGORA para mim.

Sebastian passara alguns dias em profunda reflexão e, como ainda estavam vivos em sua memória os ensinamentos recebidos, sentiu um forte impulso de conversar com Janaíra sua mãe, e assim o fez.

S – Mãe, gostaria de falar com a senhora, não digo por um

momento, pois acho que nossa conversa será um pouco longa.

J – Sim, filho querido, podemos conversar pelo tempo que precisar. Eu já o estava aguardando. Vamos, fale o que o incomoda.

S – Mãe, o que você sabe sobre outras vidas, ou melhor, você acredita que temos outras vidas, que não somos somente o que o momento nos reserva?

J – Bem, meu filho, vou explicar no que acredito e o que penso, e quero que me interrompa sempre que não entender algo que eu estiver colocando, combinado?

S – Sim, mãe, sou todo ouvidos.

J – Filho, somos muito mais do que estamos vivendo agora, somos espíritos velhos, experientes dentro de um processo de crescimento e evolução. Desde nossa origem, nossa criação foi planejada e pensada dentro de um projeto de muito amor. Somos sementes lançadas pelo nosso criador, que aguarda o nosso germinar e nossos frutos. Nem sempre caímos em terras férteis, outras vezes somos arrancados e replantados em outras terras, por vezes crescemos sem acompanhamento e ressecamos, pois nos falta adubo e água fresca para crescermos. Nem sempre, filho querido, conseguimos dar frutos doces, e algumas vezes por falta de cuidado nos tornamos amargos e amargamos a existência dos que estão a nossa volta.

Vou explicar: somos uma sucessão de experiências (vidas) em que séculos após séculos mergulhamos na maior escola que existe. A escola da vida, em que hoje somos um personagem, amanhã outro, e assim sucessivamente. Estamos aqui vivendo esta experiência a fim de aprendermos todas as virtudes que nos faltam. Alternamos os papéis repetidas vezes até aprendermos o que nos falta.

E a experiência se repete até aprendermos a lição.

Sebastian, esta não é a primeira vez que compartilhamos esta experiência, em papéis invertidos já vivenciamos muitas experiências juntos. Hoje, aqui e agora, "estou" sua mãe, porém não sou sua mãe, assim como hoje você "está" Sebastian, meu filho, mas você não "é" meu filho, é um espírito livre que está na carne (encarnado) para aprender o que precisa, e escolheu vir como meu filho

para que possa concluir seu próprio projeto. Embora não lembremos das experiências anteriores, elas estão arquivadas, e sempre que precisarmos de referências para alguma tomada decisões teremos as impressões necessárias se prestarmos atenção. Em alguns casos temos acesso a essas informações por meio de regressões que nos levam até um ponto onde verificamos que estamos repetindo os mesmos erros seguidamente, para assim podermos reconsiderar e refazer o caminho atual. Os mentores nos mostram o que precisamos para mudar, mas a decisão é sempre nossa.[1]

Assim, meu filho, como você está despertando agora para esta experiência, perceberá que nada será igual, e, à medida que for se aprofundando, perceberá que tudo à sua volta mudará, mas, veja, não são os outros que estão mudando, e sim você que está entrando em outra frequência vibratória e percebendo outras informações que antes você não percebia.

Nesse instante, Sebastian interrompeu a mãe e perguntou:

S – Mãe, como você sabe de todas essas coisas? Por que nunca me falou sobre isso antes?

J – Você me ouviria, querido? Em outro momento você me ouviria? Deixaria eu discorrer sobre esse assunto tranquilamente como você faz agora com toda a atenção?

S – Não, mãe, não a ouviria, ao contrário, não acreditaria em uma só palavra que estivesse dizendo.

J – É por isso que esta fase em que você está se chama "despertar", agora está pronto para ouvir e por essa razão me procurou. Cada um tem seu tempo, jamais devemos apressar a semente para não danificar o seu conteúdo. Fico feliz, pois agora podemos compartilhar muitas coisas, e poderei auxiliar você em outras tantas, pois sei que virá o momento em que terá muitas dúvidas e poderei ajudá-lo.

Sebastian, nada é por acaso, eu estar sua mãe agora é algo

---

1   Esta explicação se refere a uma das ferramentas utilizadas pela Psicoterapia Reencarnacionista – A Regressão Terapêutica.

que planejamos juntos, eu viria antes e passaria por algumas coisas para preparar a sua chegada. Embora a maioria não tenha consciência disso, conservei a consciência, pois estou aqui por vontade própria para auxiliar essa sua experiência em especial.

Tenho acompanhado você desde a infância, esperando este momento chegar. Junto com os seus mentores conseguimos mantê-lo seguro até agora, para que tudo ocorresse de forma tranquila. Você tem muito o que vivenciar, meu filho, e quero que aproveite bem esta oportunidade de crescimento e evolução que você recebeu das mãos do nosso amado Criador.

S – Mãe, não consigo me lembrar de todas as coisas que escuto quando adormeço e saio do meu corpo, parece que não consigo reter em meu espírito tudo o que me foi passado. Como poderei saber se estou agindo certo?

J – Sempre sabemos o que é certo, Sebastian, nosso coração sempre sabe. Quando existir a dúvida, aí você tem que parar e ponderar, pois a dúvida não vem do nosso Criador, a dúvida é a semente que muitas vezes é lançada para impedir boas escolhas, ou impedir de seguir o caminho correto, então, quando chegar nesses momentos, ore. Ore ao nosso Pai, Criador, Onipresente, Onipotente e Onisciente, ele nunca vai desampará-lo.

S – Mãe, quer dizer que você não é minha mãe? Não entendi muito bem.

J – Ah! Ah! Ah! Não se preocupe com isso, aqui e agora estou sim sua mãe, e o amo como filho querido do meu coração, vamos viver esta história dessa forma, está bem? Um dia, quando estivermos na espiritualidade, conversaremos sobre nossas identidades, combinado? Cada coisa no seu devido tempo, por ora concentre-se em seus novos estudos.

S – De qualquer forma, eu a quero como minha mãe querida que amo muito, nada vai mudar isso. Obrigado, mãe, pelas explicações.

J – Venha, meu filho, vamos dar um passeio enquanto conversamos, assim podemos passar um tempo juntos como há muito não fazíamos.

E assim caminharam e conversaram sobre muitos assuntos referentes a espiritualidade. Janaíra sabia que tempos difíceis se aproximavam e que Sebastian precisaria de todo o apoio possível, pois sua jornada estava apenas começando.

Capítulo VI

Percepções

E assim o dia transcorreu tranquilo, eram dois espíritos que tinham uma longa jornada juntos e que com o tempo houve o momento da separação por longo período, por escolhas equivocadas pautadas em egoísmo, traição, ego e outros sentimentos que causaram a queda de um espírito.

Mesmo na queda, as falhas e os equívocos não isolam, apenas existe o afastamento até que a consciência retorne e novamente voltemos para o caminho. Nossos mentores tentam nos trazer à razão tantas vezes quantas forem necessárias, porém é a escolha daquele ser que permanece.

Aconteceu com Sebastian há muito tempo, e no presente momento está acontecendo a oportunidade de se redimir e voltar para o caminho novamente.

Naquela noite, os mentores de Sebastian estavam preparando algo que tocasse mais profundamente no seu mental para despertá-lo e começar a trazer à tona os verdadeiros motivos da presente encarnação.

Nathanael já estava a postos. Sustentava a frequência energética daquele lugar para tornar possível a Sebastian estar em um nível emocional e mental mais acessível para a experiência que se aproximava.

Nessa noite em especial ele receberia uma visita muito especial. A única capaz de tocar em seu mental adormecido e despertá-lo com cuidado e amor.

Foi assim que Nathanael ficou ao lado do leito de Janaíra aguardando que ela se recolhesse. Quando esta deitou, em poucos minutos já estava fora do corpo. Janaíra tinha consciência de sua missão, pois foi a primeira a integrar a equipe de resgate a Sebastian nesta encarnação.

N – Olá, querida amiga, que prazer eu tenho em vir buscá-la.

J – Como vai, Nathanael, muito trabalho com o nosso menino?

N – Não, até agora tudo está calmo, mas creio que a partir de agora começará a ficar mais movimentado.

J – Por que diz isso, guardião? Algo o incomoda que fugiu à minha percepção?

N – Temos que levar em conta todo o potencial desse menino, que hoje é um menino, mas o que acontecerá quando ele tomar consciência de todo o poder que possui e está adormecido?

J – Caro amigo guardião, este é o momento propício em que vamos trabalhar este poder de forma positiva nele, pois está chegando a hora em que ele inevitavelmente será abordado, pois sua sensibilidade está a cada dia mais aflorada, ele só não percebe mais porque mantivemos adormecidas as qualidades mediúnicas, mas vejo antigos companheiros a rondá-lo seguidamente, só não conseguem se aproximar porque ainda consigo sustentar o círculo de proteção que o envolve. Não sei por quanto tempo ainda conseguirei mantê-lo alheio, por isso é necessário que ele comece a recordar. Mesmo que ele não se lembre de tudo, posso ensiná-lo a sustentar a energia positiva a sua volta.

N – Sei disso, cara irmã, também aumentamos a vigilância neste perímetro e estamos recebendo apoio das esferas superiores.

Diga, querida amiga, como vai se apresentar a ele? Vai plasmar sua última forma?

J – Não a última, mas aquela da qual ele guarda fortes recordações, e, como percebi o quanto ele está valorizando o amor de mãe, plasmarei a forma da mãe anterior a qual ele se recorda, quando ele trocou o amor sublime pelo poder.

N – Vamos, então, vou levá-la até Inácio e Felipe que já a aguardam, depois busco nosso menino.

Poucos minutos depois Nathanael retornava para buscar Sebastian, que dessa vez já estava liberto do corpo e um pouco atordoado, pois não sabia como tinha conseguido aquilo sozinho.

N – Olá, jovem mago, que prazer em vê-lo. Logo, logo, não precisará mais de mim para buscá-lo.

S – Não diga isso, Nathanael, fiquei apavorado por me ver sozinho nesta hora, ainda bem que você apareceu.

N – Sozinho, jovem mago? Olhe a sua volta, você nunca está sozinho por mais que queira, meu amigo, tem sempre alguém com você onde quer que você vá.

Nesse momento, Nathanael soltou uma gargalhada, tinha escutado o pensamento de Sebastian.

N – Se duvidar, meu amigo, até lá estará acompanhado. Mas saiba que sempre respeitamos a sua privacidade, fique tranquilo.

S – Você não tem jeito, não consigo esconder nem meus pensamentos? Prometa que não os escutará mais, por favor.
Nathanael, quem são essas pessoas que estão aqui?

N – São meus companheiros, jovem mago, e estão o tempo todo cuidando de você, por isso não tema, não estará sozinho, sempre terá alguém o acompanhando. Com o tempo você aprenderá a perceber e a sentir a frequência de cada um deles cada vez que estiverem por perto.

S – Gostaria de conhecê-los melhor, você pode apresentá--los a mim?

N – Sim, mas são muitos que compõem minha falange, então vou apresentá-lo somente aos três que estarão destacados em tempo integral, e os demais com o tempo você irá conhecendo. Venha, vou apresentá-los.

Mal terminou de falar, já estavam os três guardiões na frente de Sebastian, que levou um susto.

S – Nooooossa!!! Nem ouvi você chamá-los, e apareceram aqui tão rápido. Como faz isso?

N – Com o tempo e o domínio de seu mental em breve conseguirá também, e aqui neste plano verá que é a melhor forma de comunicação, agiliza as coisas.
Veja, estes são Yan, Killay e Hathor.

S – Muito prazer em conhecê-los. Se permitem perguntar, qual a origem dos nomes de vocês? São tão diferentes...

N – Cada um de nós conserva o nome que já utilizou em outros tempos de encarnado, e geralmente escolhemos o que mais nos define ou nos aproxima de nossa verdadeira origem. Isso é conversa para outro momento, temos compromisso e amigos nos esperando.

S – Sim, tem razão. Bem, prazer em conhecê-los.

Ao estarem sozinhos, os guardiões comentaram:

Y – Quem o vê assim tão amável não acreditaria em sua fama. Espero nunca mais ter que o enfrentar em algum combate, já tenho minhas cicatrizes como lembranças daqueles tempos.

K – É, irmão, já dizia um grande sábio: "Para cair basta estar em pé".

H – Somente o amor incondicional de um Ser grandioso para buscar os caídos e dar novas oportunidades de recomeçar. Vamos orar, irmãos, para que o Criador abençoe nosso irmão e que ele aproveite a oportunidade abençoada que está tendo neste exato momento.

Enquanto isso, Nathanael e Sebastian chegavam ao ponto de encontro.

I – Olá, meu filho, como tem passado?

S – Bem, eu acho. As coisas com certeza não são mais as mesmas, algumas coisas perderam o sentido que tinham antes, ainda não entendo bem por quê. Inácio, tenho percebido algumas coisas diferentes, às vezes fico intrigado, é como se eu estivesse vendo coisas que não parecem reais, pois aparecem e desaparecem rapidamente, e tem mais, comecei a lembrar de algumas coisas como se já conhecesse, porém nunca estudei sobre essas coisas.

Nesse momento, Inácio, Felipe e Nathanael se olharam. Foi Felipe quem perguntou.

F – Que tipo de coisas são essas, Sebastian, pode me descrever?

S – Sim. Por exemplo, no outro dia, quando vi minha mãe preparar um chá, senti o aroma das ervas e sabia quais eram mesmo antes de ela me falar. Vieram à minha mente imagens de preparos que podem ser feitos com ervas, como emplastos para feridas, fervuras para alguma doença, e por fim me vi como num ritual, onde sentia o aroma forte dessas ervas. Engraçado, eu sabia que estava sendo iniciado em alguma coisa, mas tudo sumiu rapidamente.

I – Bem, meu filho, então você hoje vai iniciar um processo de tomada de consciência em relação a quem você foi e quem você é hoje. Já estávamos esperando uma mudança em você, mas confesso que não tão rapidamente.

S – Isso é bom, espero. Não sei se estou pronto para muita coisa, acho que se continuar assim vou surtar.

F – Não vai não, filho meu, você vai crescer e lembrar das responsabilidades assumidas. Isso é bom, acredite. Estaremos juntos amparando você. Se cansar, o carregamos, combinado?

I – Hoje, meu filho, você vai conhecer uma amiga muito especial, e, mesmo que não se lembre dela, saiba que ela sempre foi muito importante para você. Quero que conheça Abnoba.

Nesse momento, surgiu na frente deles uma jovem mulher que estava envolvida em uma luz cristalina azulada, que chegava com um sorriso encantador nos lábios. Era muito bonita e sua presença causava um sentimento de ternura e, instintivamente, Sebastian fez menção de se ajoelhar diante daquela presença tão amável que inspirava nele um forte sentimento de amor no coração. Naquele momento, percebeu que seu chacra cardíaco se iluminou dentro do seu peito e sua luz se irradiou por um momento, envolvendo todo o seu ser.

Abnoba o segurou e lhe disse:

A – Não precisa se ajoelhar diante de mim, somos iguais, você apenas não lembra de quem é de sua verdadeira essência. Vamos, levante-se.

S – Me perdoe, mas como posso ser igual a você? Você parece um anjo, e a luz que irradia aquece tudo à sua volta. Qual o significado de seu nome, parece que o reconheço...

A – Sim, Sebastian, você o reconhece, é um nome druida. Falaremos sobre meu nome em outro momento, combinado? Hoje falaremos sobre o amor. Venha, vou levar você a um outro lugar.

Falando assim, Abnoba segurou no braço de Sebastian e em um minuto já estavam olhando para um vale com um pequeno vilarejo.

S – Que lugar é este, Abnoba?

A – Como você vê este lugar, Sebastian?

S – Um lugar bonito, porém simples, e me parece que é um lugar pobre. Mas, como já tenho aprendido, deve ser algo mais do que isso, não é mesmo?

A – Sim, com certeza. Feche os olhos e me descreva com os seus sentidos como você vê o lugar.

S – Bom, sinto um aroma suave de flores, uma brisa leve que acaricia meu rosto, o canto dos pássaros, mesmo sem tocar posso sentir a relva macia sob meus pés, ouço o balançar das árvores, sinto harmonia e muita paz, chega a ser uma poesia. Poderia falar mais somente com as sensações que me tocam.

A – Abra seus olhos, Sebastian. Como você vê o vilarejo agora?

S – Está mais bonito agora, mas por quê?

A – Foi a sua percepção que mudou, você julgou apressadamente. Hoje vamos falar sobre percepções e como elas afetam o nosso olhar durante nossa jornada. Você olhou e julgou rapidamente sem ao menos sentir o lugar. Pergunto a você: o que é pobreza? Percebe como julgar apressadamente é perigoso? Você pode cometer um equívoco de que mais tarde pode se arrepender amargamente. Cada um, Sebastian, percebe o mundo de forma muito particular, de acordo com o momento que está vivendo e com o conteúdo de sua vida, de acordo com suas crenças e seus hábitos. De acordo com seus valores e com o que entende sobre o que está olhando.

Quando se tem um olhar mais apurado sobre a situação e se permite olhar com o coração, esses equívocos podem ser minimizados.

Olhar com amor para o máximo possível de situações o torna mais sensível a elas e lhe dará a oportunidade de conhecer as histórias antes de julgá-las, pois é muito fácil julgar, não é mesmo? E muito rápido, também, assim nascem os preconceitos que afligem e machucam a grande maioria. Nunca é suficiente, não é bonito, não é inteligente, não é rico, o diferente assusta e muitas vezes cria barreiras quase que intransponíveis.

Vou lhe contar uma pequena história, e quando eu terminar diga-me, por favor, o que compreendeu. A história aconteceu nesse vilarejo que estamos visitando.

Há muito tempo, seguia pela vida uma linda jovem, sempre em busca de novas emoções. Cumpridora de todas as suas obrigações, valorosa nos seus saberes, inteligente, trabalhadora, tudo era a seu favor. Tinha todas as qualidades, beleza e formosura de uma jovem, mas estava sempre sozinha. Nenhum rapaz se aproximava para cortejá-la, o tempo ia passando e nada. Então, sabedora da existência de um velho ancião, que era tido por todos como conhecedor dos mistérios da vida, foi a jovem ter com ele.

— Senhor, o que tenho eu, qual o defeito que está impresso em minha alma, que não consigo despertar interesse em ninguém? Os anos passam e todos à minha volta sempre estão enamorados e eu estou envelhecendo e não consegui ainda vivenciar um grande amor. O que há de errado comigo? O destino quer que eu passe por esta vida sem dar frutos?

Pacientemente o ancião lhe perguntou:

— O que você procura, como deseja que seja esse grande amor?

E a jovem de pronto respondeu:

— Desejo que seja jovem, bonito, forte, tenha muitas posses, inteligência, simpatia e bom humor, tenha olhos somente para mim e acredite que em mim encontrará o seu grande amor.

Então, o ancião falou:

— Minha jovem, um grande amor não escolhe, não predetermina as qualidades e muito menos os dotes físicos, você está procurando o que não existe. Muitas vezes o amor passou por você e, sendo feio aos seus olhos, não olhou para ele; não sendo forte o suficiente, o ignorou; não possuindo posses, não lhe deu a chance

de se aproximar. Muitas vezes tentou ele se aproximar, mas você estava fechada ao que ele desejava oferecer, pois o que procura num grande amor você mesma não pode oferecer. O amor é belo, é forte, jovem e tudo mais a quem nele acredita, pois ele se apresenta simplesmente, se aproxima lentamente de quem o permite e, aos poucos, torna-se aos olhos de quem o acolheu o ser mais perfeito da Terra, porque os nossos olhos só podem ver o que o nosso coração sente.

Não busque nos outros o que você mesmo não pode oferecer. Um grande amor somente chega quando você mesma o deixa se aproximar, sem preconceitos. Um grande amor é despojado de qualquer egoísmo, ele não acontece por beleza ou posses, ele acontece quando a alma está aberta a ele, sem determinar a raça, a cor ou as posses. Um grande amor é simplesmente um grande amor, e vem visitá-la quando a porta do seu coração está aberta para recebê-lo. Não se pode aprisionar um grande amor, pois ele floresce na liberdade de quem o compartilha.

Então, Sebastian, o que achou de minha história?

S – Entendi, julguei apressadamente. A sabedoria não floresce só em grandes templos, ela faz parte da natureza assim como o amor, e o que nos impede de evoluir são as nossas virtudes esquecidas, são as percepções equivocadas sobre pessoas, cidades, sentimentos e tudo o mais.

Percebemos o que nos interessa de acordo com o nosso direcionamento naquele momento. Seja afetivo, profissional, familiar ou outro qualquer, perdemos a oportunidade de nos aprofundarmos no agora e descobrirmos o quanto estamos imersos em ilusões que nos manipulam e nos direcionam muitas vezes para abismos de arrependimentos futuros.

Abnoba, sei o que você está tentando me dizer. Sinto que em algum momento fui refém de ilusões que me afastaram do amor e do respeito à própria vida, creio que minhas percepções estiveram equivocadas por muito tempo, e por essa razão estou aqui para lembrar e corrigir algo que me afastou do caminho original, e por alguma razão você foi enviada por ser portadora de uma vibração de amor sem igual, a qual me fez sentir que um dia já desfrutei desse sentimento tão bonito e profundo.

Vou arriscar perguntar: a jovem da história sou eu?

A – Por que acha isso, Sebastian?

S – Por que me dei conta de que me faço essa pergunta há muito tempo e não tinha nenhum sábio ancião para me responder. Reconheço agora que sou cheio de preconceitos e a minha bússola interna me diz que minha percepção também está deixando muito a desejar, pois só percebo o que me interessa ultimamente. Mas algo me diz que não é só isso. Estou errado?

A – Não, corretíssimo.

S – Está bem, qual é o próximo passo? Mas antes você pode me explicar o que aconteceu quando você chegou e meu peito se iluminou?

A – Significa que seu chacra cardíaco já conhece e já manifestou muito amor, um amor por todas as coisas da criação, o respeito a todos os seres vivos, aos seres da natureza, aos homens e principalmente ao Criador.

Sebastian, é isso que temos que resgatar conscientemente em você, mas antes você terá que conhecer o seu passado e entender por que essa chama se apagou por tanto tempo. Esse é o momento de despertar essas lembranças também.

Deixe-me perguntar: como se sente neste momento? Até momentos atrás, se eu fechasse meus olhos, a sensação era de que estava ouvindo um sábio e não um menino.

S – Acho que estou me sentindo mais velho e, se depender de como as coisas vão, arrisco o palpite de que me tornarei um velho muito em breve – e dizendo isso sorriu com certa timidez.

A – Não seja dramático, sua jornada recém começou. Venha, vamos voltar, Inácio já nos espera.

E assim voltaram ao ponto de encontro, e como sempre Sebastian foi recebido com muito carinho por todos.

N – Olhe, Inácio, você está vendo rugas no rosto do jovem

mago? Pois eu vejo muitas, acho que ele envelheceu nas últimas horas, o que acha? – e riu com vontade.

S – Nathanael, não combinamos que não iria mais escutar meus pensamentos?

N – Não, eu combinei que iria respeitar a sua privacidade, mas é meu trabalho estar atento aos seus pensamentos para não deixar a sua frequência cair.

I – Ora, ora, vamos parar com isso, o tempo é precioso e precisamos fazer bom uso dele, não acham? Então, meu filho, como foi sua instrução de hoje?

S – Muito boa, Inácio, e prometo que vou meditar sobre o que eu lembrar. Tem como deixar essa lição impressa em meu mental para que eu possa compreendê-la melhor?

A – Você ficará com fortes impressões, e amanhã lembrará como se tivesse sonhado, mas procure não ficar ansioso, tudo tem o tempo certo de se revelar.

N – Vamos, Sebastian, temos que ir, nosso tempo aqui por hoje terminou.

S – Está bem, vamos. Até mais, amigos.

I – Vá na paz do Criador e germine as sementes plantadas hoje em seu coração.

A – Até outra oportunidade, Sebastian, e que a força do Criador faça germinar o amor em seu coração hoje e sempre. *Slán, Adh mor ort!*[2]

Assim Nathanael partiu com Sebastian, e ao chegar em sua casa Sebastian perguntou a Nathanael o que significava a última fala de Abnoba.

N – Significa "adeus e boa sorte".

---

2   "Adeus e boa sorte" em gaélico.

S – Que estranho... antes de você responder eu já sabia o que ia dizer. Como pode ser isso?

N – Algumas coisas ficam adormecidas, mas quando está desdobrado é mais fácil acordar os conhecimentos e ter acesso a eles. Agora vá, descanse, jovem mago, estaremos aqui se precisar.

Novamente Sebastian se sentiu puxado e Nathanael viu quando o seu corpo serenou e se acomodou em sono profundo.

Quando retornou, todos o aguardavam.

N – Então, cara irmã, o que foi aquilo? Não esperava que o jovem mago ainda possuísse a chama dentro dele.

A – Não podemos esquecer que ele é um iniciado e conserva dentro dele impressos todos os ensinamentos de outrora, por isso temos que resgatar o aprendizado original pautado no amor e no respeito à criação, assim estaremos fortalecendo a chama da Luz dentro dele.

N – Mas a mudança está acontecendo rapidamente, irmã, ele identificou sua última fala, está despertando e atento.

I – Então o próximo passo será lhe mostrar como suas percepções anteriores estavam equivocadas. Ao trabalho, irmãos.

Assim, todos se despediram. E mais uma vez a lição foi aprendida. Agora somente o tempo diria se as sementes germinariam em solo fértil. Unidos, fizeram uma oração de agradecimento ao Criador, pela generosidade e o grande amparo que recebiam em sua missão de resgate a um espírito que estava prestes a acordar da ilusão em que se manteve imerso por tantos séculos.

Capítulo VII

A parábola das atitudes

Nas semanas seguintes, Sebastian não teve mais interações com os seus mentores, porém aos poucos se lembrava dos sonhos que estava tendo durante a noite. Entrou em profunda reflexão, e os seus amigos estranharam sua atitude, pois era difícil fazer com que Sebastian conversasse com eles por mais de dez minutos, e quando isso acontecia geralmente ele tinha uma conversa que não agradava a todos.

Perguntava aos amigos o que achavam dos preconceitos e por vezes lhes chamava a atenção quando comentavam fatos sobre outras pessoas que não estavam presentes, ou sobre brincadeiras maliciosas a respeito de gênero, raças e principalmente sobre as garotas.

Jonas era amigo de Sebastian há muito tempo, e lhe perguntou:

J – O que, afinal de contas, está acontecendo com você, Sebastian? Você está muito antipático e parece aquelas pessoas que querem salvar o mundo da maldade. Sério, está difícil conversar com você, não aceita as brincadeiras que você mesmo fazia o tempo todo. Quer me dizer o que está acontecendo, por favor?

S – Desculpe, Jonas, mas tenho prestado mais atenção ao que acontece ao meu redor, tenho percebido que fui cruel muitas vezes em meus comentários, e, sim, me envergonho de coisas que falei, de pessoas que ofendi e magoei por conta de um preconceito idiota que nem sei de onde vinha.

Cada pessoa tem seu próprio jeito de agir, tem direito às suas escolhas, e quem somos nós para julgar ou mesmo brincar de forma pejorativa com as escolhas dos outros? Já parou para pensar sobre isso? Quantas vezes nós mesmos agimos como hipócritas? Não me leve a mal, mas estou compreendendo melhor algumas atitudes e estou trabalhando para melhorá-las daqui para frente.

J – Nossa, Sebastian, eu muitas vezes participei dessas brincadeiras enfadonhas só para não ser excluído da turma, mas confesso que me envergonhei muitas vezes de minhas atitudes. Se quiser compartilhar comigo mais algumas coisas, sou todo ouvidos. Você acredita em Deus, Sebastian?

S – Até há pouco tempo não me interessava muito por esse assunto, ia às missas com minha família, mas confesso que não escutava o que era dito. Mas hoje estou com uma outra percepção, e não de um Deus que está dentro de religiões. Não importa em qual delas, não me entenda mal, mas de um Criador que é muito mais amoroso e virtuoso do que qualquer outro ser que as religiões descrevem como deus. Um Criador que nos dá liberdade de caminhar e crescer, errar e ter uma nova chance de recomeçar, aquele que não diz que eu errei, mas sim que me equivoquei no caminho escolhido, aquele que está dentro de mim e não preciso procurá-lo fora, aquele que está sempre ali quando eu preciso, mesmo que não o veja. Acho realmente que estou aprendendo, algo dentro de mim está mudando.

J – Somos amigos desde a infância, Sebastian, e nunca tivemos uma conversa adulta como essa, não é mesmo? Você sabia que pertenci a uma denominação de batismo?

S – Não, não sabia.

J – Pois é, eu tinha vergonha de certo modo de dizer que eu pertencia, sempre escondi isso de vocês, para que o pessoal não pegasse no meu pé. Às vezes era sinistro, sabe, quando todos ficavam falando mal das religiões e de Deus, e eu me omitia, me sentia envergonhado por não falar nada. Muitas vezes fui para casa me

sentindo um verdadeiro Judas, ou Pedro que negou Jesus três vezes. Ele pelo menos negou três, eu, sabe-se lá quantas vezes. Mas foi numa dessas reflexões que me perguntei por que eu não conseguia me manifestar e cheguei a questionar o que me fazia recuar todas as vezes.

S – E descobriu? Porque você nunca falou nada, eu mesmo não sabia.

J – Sim, descobri. Porque o Deus que eu aprendi a respeitar eu não aprendi a amar, porque não gostava de algumas coisas que eram ensinadas, que Deus está longe, que é um Deus vingativo, que se fizer isso ou aquilo a punição é tal, então saí buscando mais conhecimento e encontrei o espiritismo, que me esclareceu alguns pontos que eu não conseguia entender, pois eu sentia muitas energias à minha volta e não sabia explicar, tinha muitas intuições e era como se alguém sempre estivesse a me proteger e a me mostrar qual o melhor caminho. Foi aí que compreendi o quanto somos livres se nos permitirmos acreditar nisso, uma nova percepção se abre para cada um de nós.

S – Sim, Jonas, somos livres, e é aí o ponto que estou querendo lhe explicar que mudou minha percepção. Não há nada de errado em escolher ou fazer parte de alguma religião e não importa qual, pois naquele momento é o caminho que precisamos percorrer e é aquela denominação que nos acolhe e nos ensina a dar os primeiros passos, porém não necessariamente temos que permanecer eternamente naquele lugar. O conhecimento e o aprendizado não estão contidos em um só lugar, é nisso que consiste a nossa liberdade de buscar e experienciar aquele conhecimento, naquele momento. Jesus disse: "E conhecereis a verdade e a verdade vos libertará". Demorei muito até compreender o que isso queria dizer, e hoje ainda não sei a profundidade dessa fala, mas quero muito aprender.

J – Bom, hoje tivemos progresso, hein? Cruzes, quantos anos de amizade e não sabemos nada que valha a pena um do outro, mas que bom que estamos descobrindo.

S – Digo o mesmo, amigo, e creio que podemos nos afastar de vez em quando do grupo, dialogar de forma menos torpe. O que acha?

J – Fechado.

S – Jonas, eu não lembro bem de onde, aliás, ultimamente tenho lembrado de um monte de histórias que não lembro onde ouvi ou se sonhei, mas tenho certeza de que ouvi uma história que fala sobre atitudes. Quer ouvir?

J – Claro, manda!

S – Tá bom, lá vai, preste atenção.

Certa vez, em um vilarejo distante, havia muita paz e satisfação. Os seus moradores estavam sempre felizes e, aparentemente, nada de errado os aborrecia até o momento em que surgiu, além da ponte de pedra, uma nova família de camponeses. Eram os pais e três crianças com 14, 10 e 7 anos. Essa família vinha de muito longe e estavam cansados da viagem. Dirigiram-se, como era o costume, ao chefe da aldeia e pediram para passar a noite, pois, estavam cansados e famintos, porém o ancião falou:

– Sinto muito, nesta aldeia não convidamos ninguém a ficar, pois somos felizes e vivemos bem. Cada viajante que chegava nos causava transtornos, então resolvemos não acolher mais ninguém, para que nossa vila esteja sempre em paz, pois conhecemos um ao outro e isso nos torna felizes. Sigam adiante, com mais uma hora chegarão a outra aldeia, sinto muito.

A família, surpresa com tal situação, seguiu em frente, com muitas dúvidas a respeito do ocorrido. Pensaram: "Se não chega nunca ninguém diferente, eles não devem ter problemas mesmo e as coisas devem funcionar perfeitamente".

Uma hora depois chegaram à próxima aldeia e foram recebidos por um ancião com muita alegria:

– Boa noite, amigos, sejam bem-vindos! Vocês devem estar cansados da viagem. Venham, entrem e sintam-se em casa.

A família estranhou tal recepção, e perguntaram:

– Aqui vocês vivem em paz e são felizes? Por que nos deixam ficar? Não vamos afetar a harmonia de sua aldeia?

O ancião respondeu:

— Só existe paz, felicidade e harmonia onde compartilhamos nossas diferenças. Isso nos enriquece dia a dia, podemos compartilhar novos rumos, novas esperanças. Onde não existem diferenças as coisas são sempre iguais, mas dentro de nós vamos criando ranços, entraves, desilusões e vontades que não teremos com quem compartilhar, e a felicidade torna-se medo de deixar novas experiências acontecerem. Ao nos isolarmos, perdemos a chance de aprender, e a real felicidade sempre busca seus pares e torna-se fonte inesgotável de amor e respeito. Por isso, por escolherem nossa aldeia para passar a noite, nos deixaram felizes, pois teremos o que conversar amanhã e, quando partirem, teremos a lembrança de sua visita e, assim, nascerá a expectativa de um novo encontro. Vocês lembrarão e falarão de nós. Nossa história terá mais uma página em nossa existência, pois somos como as águas dos rios, não podemos ficar sem movimento. Não podemos deixar que as margens nos limitem, senão perderemos a oportunidade de conhecer novos mundos, fazer novas amizades e transformar nossa vida em uma experiência encantadora, sempre em busca de novas correntes que nos mostrem a beleza de outros mundos.

Somos estrelas de uma grande constelação, brilhantes, enigmáticas e sem limites. Nosso horizonte está onde nossas esperanças nos levam, onde, quando o Sol nasce, traz a luz e o calor para podermos germinar, qual semente de uma flor, e desabrochar no jardim de nossas emoções. Limitar-se a si mesmo é fechar-se para um mundo de descobertas.

Acho que consegui reproduzir na íntegra. O que achou, Jonas?

J – Cara, de onde você tirou isso? Essas palavras são muito significativas, essa história é mais ou menos o que conversávamos faz pouco. Gostei muito, meu amigo, obrigado por compartilhar comigo essa sábia parábola.

S – Parábola? O que é isso?

J – São histórias contadas para explicar alguns fatos, his-

tórias inventadas, mas que trazem muita sabedoria contida nelas como as de Jesus, sabe?[3]

S – Entendi. Bem, tenho que ir, tchau, Jonas.

J – Tchau, meu novo velho amigo, sim, porque com toda essa sabedoria está parecendo um velho. Brincadeirinhaaaaa.

---

3   Uma parábola é uma história contada para explicar uma verdade complexa. Jesus contava parábolas para ensinar o evangelho aos seus discípulos. Uma parábola não narra coisas que realmente aconteceram; são histórias inventadas, mas que revelam verdades profundas. Alguns conceitos são difíceis de explicar, porque são abstratos. Mas dentro de uma história, um conceito tem uma aplicação prática e se torna mais fácil de entender. Parábolas são pequenas histórias que explicam um conceito usando exemplos do dia a dia. Fonte: *site* Respostas Bíblicas.

Capítulo VIII

O autoconhecimento

Era quase noite quando Sebastian chegou em casa. Estava alegre, porém pensativo, e desde a interação anterior Janaíra se manteve somente observando, deixando Sebastian bem à vontade, sem perguntas.

Naquele dia, percebendo a sua introspecção, perguntou:

J – Olá, filho, tudo bem? Como foi o seu dia? Parece pensativo.

S – Oi, mãe, está tudo bem, é que hoje tive um dia bem interessante, encontrei com a turma e descobri que não sei nada a respeito de um dos meus melhores amigos.

J – É mesmo? Por que diz isso?

S – Porque hoje tivemos uma conversa bem interessante, e descobri que ele é espírita e que já foi de outra religião, e conversamos bastante sobre isso e sobre atitudes e preconceitos que já tivemos e sobre as que observamos no nosso grupo. Fiquei feliz em descobrir esse lado do Jonas, acho que poderemos conversar mais de agora em diante. Sabe, mãe, é tão estranho perceber que a gente fala coisas sem pensar e que por muito tempo eu não me dava conta disso, mas agora, não sei bem por que, consigo perceber várias coisas e me envergonho de algumas atitudes anteriores.

J – Meu querido, na maioria das vezes o preconceito se origina do desconhecimento de algumas das leis que regem o nosso

mundo e principalmente da ignorância, a intolerância e a hostilidade ainda vigente nos tempos atuais. Lembre-se de que naquele
momento você fez o que sabia dentro do conhecimento que tinha.

S – *Déjà vu*...

J – O quê? Não entendi.

S – *Déjà vu*, mãe, você acabou de me dizer algo que já ouvi
antes desse mesmo jeito, dito com carinho, assim como você me
falou agora, mas não consigo lembrar quem me falou isso.

Sebastian parecia ansioso por lembrar, pois ele sabia que
aquilo tinha sido dito a ele em algum momento. Janaíra, percebendo a inquietação de Sebastian, falou:

J – Filho, tem coisas que aprendemos e não damos importância no momento em que ouvimos, mas ficam gravadas na nossa
mente e em nosso coração, e quando precisamos essas informações
nos chegam. Muitas vezes é o nosso anjo guardião que desperta
essa lembrança em nós, pois chegou o momento de aplicar o conhecimento recebido. Não fique ansioso, apenas reflita sobre isso e veja
como pode contribuir para a sua "Reforma Íntima", combinado?

S – É, não tem jeito, a cada dia sinto dentro de mim um chamado, mas para quê? O que, afinal de contas, eu tenho que fazer?
Por que tudo não se esclarece de uma vez?

J – Tenha calma, meu querido, tudo tem seu tempo. Vamos, venha aqui e me dê um beijo de boa noite e vá descansar, o
amanhã será outro dia maravilhoso.

S – Boa noite, mãe. Amo você.

J – Também amo você, meu querido.

Sebastian, como de costume, fez suas tarefas e leu um pouco antes de se preparar para dormir, mas naquela noite sentia-se
muito cansado, então deixou tudo de lado e deitou-se, adormecen-
do logo em seguida.

Quando percebeu que estava liberto de seu corpo, o que não acontecia há algum tempo, mal ajustou a sua energia e notou os três guardiões, Yan, Killay e Hathor, que o estavam esperando.

K – Olá, Sebastian, como está, tudo bem?

S – Sim, tudo bem, Killay. Onde está Nathanael?

H – Hoje terá que confiar em nós, meu amigo, pois Nathanael está em outro compromisso e teve que se ausentar, mas não se preocupe, vamos levá-lo para seu encontro, está bem?

S – Sim, tudo bem. É que já estava acostumado com Nathanael e também já estava com saudades dele. Não me levem a mal, está bem?

Y – Não levaremos, aqui as coisas são diferentes, Sebastian, não perdemos tempo em nos magoar com coisas tão pequenas, sempre temos nosso olhar voltado ao trabalho, e por essa razão aprendemos a não julgar as palavras e nem as atitudes dos outros. Mas vamos indo, já o estão aguardando. Irei com você, e Killay e Hathor ficarão aqui aguardando nosso regresso.

S – Certo, Yan, vamos ver o que esta noite me reserva. Cada vez que venho aqui volto diferente e isso me faz querer cada vez mais essas visitas.

Y – Que bom, Sebastian, aos poucos você vai lembrar de muitas coisas que esclarecerão e ajudarão você a perceber qual é o seu chamado.

S – Yan, hoje eu estava conversando isso com minha mãe, o que realmente quero e quando saberei disso.

Y – Aqui o tempo é diferente daquele ao qual está acostumado em sua dimensão, e verá que em breve tudo se esclarecerá. Sebastian, você está muito bem amparado, confie em seus mentores e em breve você terá suas dúvidas esclarecidas. Pronto, chegamos.

I – Aí está você, meu filho, como tem passado?

S – Com saudades de nossos encontros. Posso abraçar vocês? Estou com saudades.

I – Claro, meu filho, venha cá.

E Inácio envolveu Sebastian em um abraço amoroso, aproveitando para deixar impresso nele o verdadeiro sentimento de amizade, como um pai abraça um filho, completamente, não importam seus erros ou sua condição, apenas o abraça e o envolve em um abraço cheio de amor e cuidado.

F – Vejo que cheguei bem na hora, hã? Também quero um abraço, meu menino, venha cá.

S – Poxa, como é bom estar aqui com vocês. Por que fiquei tanto tempo sem vocês me chamarem?

I – Meu filho, tem coisas que precisam amadurecer em você, e nada melhor que o tempo para fazer isso. Venha, hoje seremos eu e você, temos algumas coisas para conversar, porém, Sebastian, hoje vou revelar a minha forma antiga a você e começará a compreender algumas coisas um pouco melhor.

Dizendo isso, Inácio plasmou a forma em que ele conviveu com Sebastian há muito tempo, para despertá-lo, abrindo assim mais uma janela por onde ele poderia vislumbrar uma outra época e começar a compreender sua atual caminhada.

S – Inácio, eu conheço você, como é possível? Você está em meus sonhos desde a infância, sempre o via nos momentos mais difíceis de minha vida. E quando fui ao centro espírita com minha mãe vi um quadro com sua imagem, e sempre o chamava quando precisava como me ensinaram, e às vezes o chamava somente para ter sua companhia, você é... você é... o... o... Pai Benedito...

E, falando isso, Sebastian explodiu em lágrimas, caindo de joelhos ante aquela figura que transmitia um amor imenso, candura, verdade, autoridade moral e grande harmonia.

B – Venha, meu filho, levante-se. Sim, sou eu mesmo, que estou com você há muitos séculos nesta caminhada, sempre estivemos juntos, e, até mesmo quando parou de me escutar, nunca saí de seu lado e ainda estaremos juntos por muito tempo.

S – Quando o senhor diz que esteve comigo mesmo quando deixei de escutá-lo, o que quer dizer com isso?

B – Nossa jornada é longa, Sebastian. Você já aprendeu que não é apenas essa forma que está vivenciando no agora, mas sim um espírito imortal, que tem a oportunidade de vivenciar muitas experiências ao longo de sua trajetória, porém, estando encarnados, nem sempre se consegue vivenciar todas as virtudes adquiridas durante a caminhada, pois, ao estar no corpo físico, muitas de suas capacidades ficam embotadas, visto que se ativam os chacras inferiores e assim o domínio maior passa a ser o da matéria, e o espírito muitas vezes fica esquecido dentro dessa nova forma. Há pessoas que passam por existências sem se darem conta de que não são apenas matéria e ficam presas em suas paixões e vícios que consomem por vezes uma existência inteira e somente voltam a ter a consciência de que são espíritos quando desencarnam.

Você por sua vez, meu filho, não perdeu essa capacidade, porém ficou adormecida até agora, quando está em pleno despertar, pois precisa retornar ao caminho no qual você pegou atalhos há muito tempo.

S – Pai Benedito, naquele centro espírita era o Senhor?

B – Não exatamente eu, como você entende que estava incorporado no médium, mas sim um irmão da mesma falange. Existem muitos Pais Beneditos, estamos sob a egrégora de Pai Benedito e muitos se juntam às falanges por afinidades e servem a essa energia em diversas dimensões, assim como em diversos centros espíritas e templos de Umbanda. Assim temos como acessar a todos, não somente aos médiuns, mas também aos frequentadores que precisam dessa energia para despertar.

S – Mas, e Inácio? Ele existe? O senhor é ele ou ele é o senhor?

B – Digamos que plasmei a forma de Inácio para poder abordá-lo no parque naquele dia, o seu estado mental estava alterado e, dependendo de quem o abordasse, você rejeitaria o contato, não é mesmo? Assim, plasmei a forma de um homem idoso, mantendo alguns dos meus traços aos quais você já estava familiarizado, despertando assim em sua mente que essa era uma figura de sabedoria, inofensiva, assim você relaxou e permitiu minha aproximação de forma amigável e afetuosa, não é mesmo?

S – Sim, quando vi Inácio, pensei: quem sabe ele tem um bom conselho para me dar. E algo naquela figura me inspirava confiança.

B – É isso mesmo. Bem, venha, hoje vamos conversar sobre o tempo, Sebastian.

Com um movimento das mãos Pai Benedito mudou o cenário à sua volta, entraram em um vácuo onde o silêncio prevalecia, nada se movia, mas tudo acontecia de forma singular naquele momento, é como se todas as coisas estivessem em câmara lenta, e tudo pudesse ser visto em detalhes, as cores eram mais vivas. Sebastian sentiu como se fosse absorvido por aquele momento, uma clareza tomou conta de sua mente, ele sabia o que estava acontecendo, eles haviam entrado em um lapso de tempo onde tudo era nada, não havia explicação, não havia passado e não havia futuro, era apenas o momento que interessava, era apenas o Agora que existia. Sebastian se sentia completo ali. Quando estava assimilando o conceito de tempo, Pai Benedito fez tudo voltar a ser como era antes, e ele se viu em um grande campo aberto, com muitas coisas acontecendo. Já não conseguia assimilar todos os detalhes, lhe fugiam até mesmo os pensamentos, não conseguia se concentrar e assim perdia a dimensão do todo. Foi quando Pai Benedito falou:

B – Sebastian, o tempo é relativo, a forma como cada um percebe o tempo é muito peculiar, não dê demasiada atenção ao tempo, porém também não o desperdice. Pois o tempo é o melhor professor, paciente ele aguarda até os frutos amadurecerem. Assim como as árvores, damos frutos pela vida, alguns cítricos, outros amargos, alguns não chegam nem a amadurecer, apodrecem ain-

da na fase de amadurecimento, poucos chegam a ser doces. Estes, porém, na maioria das vezes, são produzidos na maturidade, pois é quando aprendemos a administrar nossas emoções e finalmente compreendemos que a vida tem um fluxo perfeito e, por mais que procuremos atalhos, a estrada principal ainda é a melhor opção, a mais acertada.

Os frutos cítricos são aqueles da juventude, onde queremos apressar a fase de maturação e os colhemos cedo demais, ainda verdes, pois nossa falta de paciência nos leva a cometer erros que mais tarde nos custam caro.

Os frutos amargos são produzidos pela nossa arrogância e falta de humildade, que é quando ferimos as pessoas sem querer e por querer (conscientemente). É a fase da autoafirmação, em que os valores ainda não estão bem claros e pensamos que estamos certos, então, para que mudar?

Os frutos podres são normalmente aqueles das decisões impensadas, são os dos conselhos dos outros buscando fora o que está dentro o tempo todo. Colocando algemas (ilusões) em nossa caminhada, de que podemos responsabilizar os outros pelos nossos erros. Quando achamos que não somos capazes, então deixamos os outros decidirem por nós, buscando ter a consciência de que a responsabilidade não é do outro e sim será sempre sua, pois estamos escolhendo sim que o outro nos dirija, ou se acatamos uma sugestão, sim, foi escolha minha aceitar e de mais ninguém. Nessa fase existe desconfiança, mas mesmo assim é mais fácil culpar os outros do que assumir nossas próprias decisões.

No final das contas, o único responsável pelas escolhas somos nós, até pela escolha de deixar o outro escolher por você.

Aprender dói, dói muito, para alguns é mais rápido, para outros demora algum tempo a mais. Mas, no final, vale a experiência que é enriquecedora. Cada experiência que se desenrola em nossa vida é incrível, refina as nossas atitudes, dá polidez às nossas palavras, reforça nossa autoestima, expande nossa coragem e aprimora nosso bom senso.

Nossas palavras se tornam mais doces, e como é bom ver os dias passando. Na maturidade os dias passam com mais suavidade, pois aprendemos que não adianta apressar o tempo. O tempo não tem pressa, a pressa é nossa, existe uma ansiedade em cumprir o que consideramos etapas de vida. Esquecemos que não existe itinerário inflexível, existe simplesmente o processo da vida de cada um, e como cada um é único, não tem roteiro definido porque existem muitos atores principais e cada um inicia o seu caminho de acordo com a bagagem que tem. Alguns levam pedras brutas que, no final da caminhada, se transformam em diamantes. Uns começam a caminhada em grandes e belos jardins e terminam no árido deserto, outros ainda iniciam ricos e terminam miseráveis e vice--versa. E aqui não estamos falando em riquezas materiais.

Qual a diferença? Os que se tornam flexíveis têm mais chance de terminar a jornada de forma mais suave, pois o rigor atrasa e empobrece nossos aprendizados.

Assim, meu filho, essa lição do tempo chega agora para você para que possa compreender que sempre há tempo para mudar, para crescer, para se desenvolver e para evoluir, não importa a ordem, o que importa é não parar. Muitas vezes é necessário parar por um momento para traçar novas rotas, porém ficar estacionado nunca, lembre-se de que todos os exageros são nocivos, o muito e o pouco são extremos perigosos, pois nos acomodam em situações ilusórias esperando sempre algo que não vai chegar, ou que pode trazer o comodismo e o conformismo ou a ilusão de milagres que não demandam esforços. A riqueza é construída com trabalho, não é necessariamente o tempo que deixa rico, mas a sabedoria, a determinação e a disciplina de construir no dia a dia.

Cuidado com as máximas: "eu aaaamooooooo isso, eu odeeeeeeeeio isso, muuuuuiito, pouuuuuuuquíssimo ou tudo ou nada" são extremos perigosos, não são as palavras mas a entonação e a emoção que são colocadas nelas que dão o poder a elas naquele momento.

Então, compreendeu o que eu quis passar para você?

S – Sim, Pai Benedito, entendi o contexto do que me explicou, sinto que de alguma forma eu já dominei o conceito de tempo, o conceito do uso das palavras e do poder nelas contidos. Enquanto o senhor falava, dentro de mim havia uma ressonância muito grande, algo me mostrava que as palavras atuam como ordens mágicas, impregnadas de energias vivas e divinas que materializam o propósito nelas contido. Porém, algo escuro tomou conta de minha mente e visualizei as mesmas palavras sendo proferidas, mas não com propósitos elevados e sim com maldade, ódio e por puro interesse. Vi a

mesma magia sendo feita, mas não existiam energias vivas e divinas e sim energias trevosas que causavam doenças, separações, dores e profunda tristeza para satisfação de alguns. O que significa isso?

B – É por isso que está aqui, meu filho, para compreender os atalhos que alguns espíritos resolvem tomar e acabam trilhando um caminho onde deixam rastros de ódio e tristeza acarretando responsabilidades por muitas dívidas e dores e um dia, não importa o tempo, terão seus cobradores à porta e terão que prestar contas de seus atos. Você viu no que a obra divina pode ser transformada. Não é a magia que é ruim, é o coração de quem a utiliza que faz a grande diferença. A magia foi criada com propósitos divinos, para auxiliar, e acabou sendo corrompida e utilizada para conquistar poder e riquezas de forma muitas vezes cruel.

Os seres da natureza responsáveis pela magia são puros e somente podem concretizar uma magia se ela for positiva, ou seja, para o bem. Com o tempo os magos foram corrompendo alguns desses seres e sendo responsáveis pela queda dos mesmos.

S – Mas por que eu sei disso tudo, Pai Benedito?

B – Porque você é um mago, Sebastian, já há alguns séculos pratica a magia. O que vou mostrar a você agora é, rapidamente, a sua trajetória nesse caminho. Não será fácil visualizar o que vou lhe mostrar, mas será a partir daí que você começará de verdade a sua jornada. Está preparado?

S – Não tenho certeza, algo dentro de mim não quer ver o que o senhor quer me mostrar, mas também algo me diz que é chegado o tempo e não adianta querer prolongar. Como o senhor falou antes, o tempo é o maior professor, e percebi que estou em uma grande sala de aula, não é mesmo? Todos esses encontros foram para me preparar para esse momento, estou certo?

B – Sim, meu filho, não há necessidade de protelar, o cobrador está à sua porta. Vamos abri-la?

S – O senhor ficará comigo, não me deixará sozinho?

B – Nunca, meu filho, pois, assim como estive com você

mesmo sem me querer por perto, agora fico com você a seu convite para ampará-lo conscientemente nesse caminho. Vamos?

Enquanto isso, Felipe, Nathanael, Meryadís e muitos outros espíritos estavam reunidos criando uma rede de vibrações harmônicas, amorosas e protetoras à volta de Sebastian. Todos sabiam que esse despertar seria o início de uma grande jornada de retorno e teriam que ajudar a sustentar todo o ambiente que cercava Sebastian, não só no mundo físico, mas principalmente no plano espiritual, pois, no momento em que ele acessasse suas memórias, atrairia para si uma grande quantidade de espíritos cobradores e também alguns muito acima dessa categoria, aqueles que foram seus parceiros, grandes magos caídos, mas com grande força mental que poderiam atraí-lo para subjugá-lo e mantê-lo preso para se utilizarem de seu grande conhecimento, como também atraí-lo para uma vingança há muito esperada.

Não há lugar para se esconder quando chega o tempo de aplicação da Lei. Ninguém conseguirá se esconder, digo-lhes mais uma vez: o que faz com que um espírito cogite de que ele é especial, não importa o que fez, mesmo que acredite ter agido por justiça ou acredite que é um bom cidadão que só faz boas ações, ou pior, que não fez nada de errado (em sua percepção) e então estará isento de cobrança. Digo a quem quiser ouvir: não há um só homem que possa dizer que não pecou, por ações, por pensamento ou por ego. Até aqueles que se dizem religiosos ao extremo, vejam, é no extremo que está o perigo, é quando acho que sei mais do que os outros, ou quando quero controlar tudo e todos à minha volta, quando quero manipular tudo a meu favor, ou mesmo converter qualquer um a minhas crenças. Somos seres livres, mas a grande liberdade não está fora de mim, está dentro de mim, onde ninguém consegue penetrar, onde ninguém consegue conhecer a minha verdadeira essência. Chegará o tempo em que não adiantará dizer: Senhor! Senhor! O que vai contar não serão somente as ações e sim o que está impresso em sua essência, e nesse dia a Lei baterá à sua porta.

 O VALE DOS DRAGÕES — O DESPERTAR

Reflexão

O que busca?

Qual o limite de sua aceitação?

O que significa perene para você?

Somos a incansável busca do perene.

Abrimos nossas asas e nos lançamos em buscas diárias, com a promessa de que estaremos cada vez mais perto de desvendar os mistérios que nos rodeiam.

Ah! Quanta energia fica inerte, sem uso e sem aplicação.

Qual a distância que existe entre o sonho e a realidade?

O que de fato é a realidade?

Prepare vosso coração e vosso entendimento, pois tudo é ilusão.

Não são cordas, mas sim correntes que se prendem a nós e aos outros. Precisamos soltar essas correntes, e ainda há o cansaço do caminho, o que fazer com ele?

Ah! O que será? Realidade ou ilusão?

Conta uma antiga lenda que iam pelo caminho alguns seres, e cada um olhava para o horizonte e via uma coisa diferente, cada um tinha uma percepção do caminho e da jornada.

Enquanto um reclamava do calor e do cansaço, outro reclamava das pedras que machucavam os pés.

Havia outros ainda que se queixavam da poeira e do cheiro que pairava no ar.

Outros ainda reclamavam dos que reclamavam, sem saber direito do que se tratava tudo aquilo.

Havia ainda os que caminhavam em silêncio, mantendo-se à margem de qualquer manifestação.

Apenas poucos apreciam a jornada, aprendendo a contornar as grandes pedras, a apreciar as flores que enfeitam o caminho, aprendem a conhecer as estrelas que os guiam no céu, apreciam o frescor que o orvalho da manhã traz, e acima de tudo a lição de tolerância com os companheiros de jornada, pois percebem que precisam também do barulho e do silêncio para moldar nosso discernimento e assim o caminho se torna agradável. Porém, só há caminhada se houver a consciência de que o caminho está lá e nesse caminho existe a realidade e a ilusão, e que em alguns momentos o que parece realidade pode ser uma ilusão e a ilusão se travestir de realidade.

Então, o que busca?

Remova as correntes que o prendem e viva livre, o caminho com os obstáculos sempre estará ali, mas aquele que busca saberá que os obstáculos são ilusões que criamos para impedir nossa caminhada, porque não confiamos em nosso potencial.

Tem a ver com o que acreditamos, com nossas crenças, a culpa e o medo.

A culpa de sermos ou não mais capazes do que os outros, e o medo de alcançarmos nossos sonhos, e depois, o que fazer com tudo isso?

SER FELIZ também dá medo.

Por essa razão a grande maioria vê a felicidade como uma utopia.

E, assim, continuamos reclamando do caminho e das pedras que machucam nossos pés.

Capítulo IX

O mago

Sebastian estava decidido a enfrentar o seu passado. Na vida de encarnado contava com 28 anos, vivendo em um lugar afastado de todo o tumulto, e por essa razão se manteve afastado de muitos vícios e trazia ainda uma certa pureza em seu coração. Seu mental ainda poderia ser moldado de forma a que ele aproveitasse com maior lucidez todas as oportunidades que estariam despontando à sua frente a partir daquele momento.

Algo dentro de si havia mudado, o peso de uma lembrança fazia com que dia a dia ele percebesse que faltava algo muito importante, era como se ele tivesse lido uma história e ficado o suspense, pois o livro não continha o final e a todo custo ele precisava saber como terminava.

B – Sebastian, meu filho, você está preparado? Precisamos nos deslocar para outro ambiente. Quero que saiba que não estaremos sozinhos, seremos acompanhados por outros amigos que vão nos auxiliar com a sustentação das energias necessárias.

Naquele momento, juntou-se a equipe de Pai Benedito: Abnoba, Jaciarana, Kayla e Arthur. Os demais estavam invisíveis à percepção de Sebastian.

Pai Benedito fez um pequeno gesto com a mão esquerda no ar em sentido anti-horário e naquele momento eles foram transportados para um lugar escuro, onde as cores predominantes eram o rubro e o negro, o ar estava impregnado com um odor acre e a paisagem à volta era negra. À primeira vista parecia que estavam mergulhados nas profundezas do inferno.

Sebastian somente conseguiu balbuciar, com certo espanto:

S – Sinistro!! Onde estamos, Pai Benedito? Que lugar horrível, o que viemos fazer aqui? Isso é o inferno?

B – Não, meu filho, mas se aproxima muito. Você ainda não tem ideia de onde estamos?

S – Não. Por que me pergunta isso? Eu conheço este lugar?

B – Infelizmente, meu filho, conhece sim e muito bem.

Naquele momento, à frente deles apareceu um soldado vestido de negro, com uma armadura negra brilhante, era Arthur.

A – Salve, Pai Benedito, eu estava aguardando a sua chegada. Por enquanto tudo está calmo, dentro da calmaria que bem conhecemos, pois nessas paragens não temos como definir calma e sossego como conhecemos, mas, enfim, sem muito movimento.

B – Salve, meu bom Arthur, que bom que está aqui, sua presença será muito necessária, acredite em mim.

A – Sempre às ordens, meu bom amigo. Vejo que está acompanhado, não reconheci seu convidado de imediato, está vibrando em frequência diferente da que o confrontei na última vez em que nos encontramos. Então, como está, Breandan?

S – Breandan? Não sei do que está falando.

B – Calma, meu amigo, ainda não o despertei, estava esperando que o ambiente fizesse isso, mas vejo que terei que ajudar um pouco mais.

A – Desculpe-me, amigo, não quis apressar as coisas. Bem que estranhei a passividade dele, ainda está adormecido em estágio primário. Vejo que a Maga da Luz Cristalina Kayla e Abnoba também estão aqui.

B – Sim, Arthur, elas já estão presentes, porém o jovem mago ainda não consegue captar a vibração delas.

Neste momento, Pai Benedito levou a mão ao terceiro olho (chacra frontal) de Sebastian e este levou um choque, e imediatamente começou a plasmar a sua forma anterior, o que colocou todos em alerta.

Naquele instante, desaparecia a imagem do jovem pacífico e tranquilo. Sebastian, dando lugar a um imponente Mago, suas vestes o cobriam da cabeça aos pés. Um capuz muito bem talhado em veludo de um verde-escuro com as bordas de um dourado envelhecido que acompanhava todo o manto quase lhe cobria o rosto, e nas bordas envelhecidas estavam gravados diversos símbolos, todos muito trabalhados dentro de uma geometria perfeita. Trazia em sua mão esquerda um cetro escurecido, e pelo lado de dentro de seu manto podiam-se ver os tons rubros que cintilavam de uma forma enegrecida e assustadora.

Sebastian, ou melhor, Breandan, levantou a cabeça lentamente com um olhar penetrante e desafiador, e olhou para todos à sua volta como a questionar o que estavam todos fazendo em seus domínios. Porém foi Pai Benedito que iniciou o diálogo, mas agora não tinha mais a voz suave e amorosa de alguns minutos atrás e sim trazia grande autoridade moral em sua voz, o que fez com que Breandan recuasse.

B – É chegada a hora de despertar em você o que lhe foi concedido pela Lei Divina, porém saiba que esta é a sua última chance de retornar ao seu caminho original, portanto pense bem antes de falar qualquer coisa de que possa se arrepender no futuro.

Br – Só me responda o que estou fazendo aqui cercado por todos vocês. Podem se fazer visíveis, e não subestimem a minha inteligência. Percebo que algo aconteceu, e peço-lhes um tempo para que eu recobre a memória de toda essa situação e de como cheguei a este momento. Não quero ficar em desvantagem, creio que seja justo o meu pedido.

B – Sim, é e será levado em consideração, pois a Lei aqui não é cega, e dá aos seus o direito de se manifestarem. Você ainda tem esta prerrogativa amparada por meu pedido pessoal àquele que será seu executor, dependendo do andamento de nossa conversa. Utilize seu tempo com sabedoria, Breandan, e saiba que respeitaremos esses momentos sem interferir, porém não nos afastaremos daqui.

Br – Como queiram.

Assim, Breandan, que era um mago poderoso temido por todos, pois havia alcançado um alto grau dentro da Magia da Luz há muito tempo, entrou em estado de introspecção, ficando imóvel enquanto acessava as suas memórias e tomando consciência de seus últimos séculos e da sua trajetória. As imagens jorravam rapidamente na tela mental de Breandan como em um filme.

Começava a se descortinar toda uma existência. Naquele momento, Kayla se fez presente e se colocou atrás do grande mago, garantindo que ele acessasse as memórias desde o início pouco antes de sua queda.

Portanto, tudo começou a se descortinar para Breandan, que se viu como um Mago da Luz Cristalina, servindo ao raio da cura. Suas vestes brilhavam, seu manto hoje obscurecido era de um verde esmeralda brilhante, e os símbolos que adornavam as bordas douradas de seu manto eram vivos, tinham movimento e deles saíam vibrações de cura, ao tocá-los deles saíam vibrações espontaneamente sem precisar de invocações, tudo era harmonia, ele vibrava em muita luz. Viu ao seu lado aqueles que hoje considerava como inimigos, viu Kayla a sua contraparte, Pai Benedito, que também fora seu mago iniciador, Arthur, que o acompanhava em todas as suas incursões aos mais escuros recantos para resgatar almas aflitas e sem esperança, viu Abnoba, que fora sua mãe amorosa que o acompanhava e aconselhava em momentos de dúvidas, e de repente se viu envolvido por energias de grande poder e de ganância. Viu seu ego crescendo à medida que seu poder aumentava nas

trevas, pois a cada dia mais poder alcançava e assim foi sucumbindo às trevas.

Naquele momento, começou a compreender o que estava acontecendo. Porém Kayla não deixou que as imagens fossem ocultadas, sustentou a energia e manteve todas no mesmo ritmo para que Breandan visualizasse o que aconteceu. Era importante ele acessar essas memórias, pois teria que escolher o seu destino daquele momento em diante, não havia a opção de voltar atrás.

Assim, Breandan continuou vendo o momento de sua queda, em que a cada momento se deixava envolver por energias trevosas que o lançavam cada vez mais fundo no abismo que estava construindo para si.

Começou a fazer das trevas seu domínio atraindo seres das frequências mais baixas, e em vez de curar começou a ter prazer em fazer sentir dor. Lançava as magias mais pestilentas em pessoas de bem em troca de mais poder. O que naquele momento ele não havia percebido era que se sentia dominando, mas era dominado, na verdade era escravo de seres mais poderosos do que ele e mais experientes em magias negras do que ele.

Acessou os diversos momentos em que Pai Benedito tentava trazê-lo à razão, e ele o desprezava, visualizou também que mesmo com todas as afrontas o preto velho nunca o abandonou, sua figura estava sempre o acompanhando, e evitando que caísse ainda mais.

Viu Kayla tentando sem descanso trazê-lo à razão, descendo nos lugares mais escuros e levando a sua luz na esperança de que ele reconsiderasse sua direção. Viu Arthur, que por ter grande amizade e estima pelo amigo desceu junto, se disfarçando e por muito tempo cuidando dele naquele ambiente de maldade e negritude. Viu quando certa vez os grandes Magos investiram contra ele e tentaram aprisionar sua mente e torná-lo escravo, e foi Arthur que criou um escudo de luz à sua volta que fez com que os magos recuassem, sem entender o que acontecia. Percebeu a sua ingenuidade ante a visão equivocada de grande poder. Viu sua mãe Abnoba envolvendo-o constantemente em frequências amorosas a fim de que vislumbrasse quão maravilhoso é o sentimento de amor verdadeiro. Viu quando a mandou embora e que de seu chacra cardíaco se apagou a luz que o alimentava e ainda o mantinha conectado ao Criador, e sentiu quando o ar gelado penetrou em seu ser, fazendo com que as lembranças se apagassem e que a partir daquele momento caiu ainda mais.

Nesse momento, percebiam-se algumas lágrimas molhando a face daquele ser arrogante e ao mesmo tempo impotente diante das imagens que se formavam em seu mental e as quais não conseguia evitar.

Nesse momento, depois de um século de mau uso de um dom sagrado que havia conquistado, foi visitado pela Lei que batia à sua porta e iluminava todo aquele cenário fétido e escuro. Através daquele cavaleiro que estava à sua frente e o advertia que ainda existia uma possibilidade de se redimir de seus erros, e essa possibilidade seria oferecida apenas uma vez, Breandan foi convidado a reencarnar para trilhar um caminho que o trouxesse de volta para a luz, e teria que conquistar novamente todos os símbolos da maneira correta, teria que merecê-los novamente. Encarnaria sem resquício algum de seu conhecimento de magia, nem da luz nem das trevas. Seria um cidadão comum, até que fosse chegado o momento de despertar e teria que tomar a decisão de como gostaria de seguir e qual o caminho escolheria: Luz ou trevas.

Naquele momento, percebeu que, se não escolhesse reencarnar não tinha certeza do que aconteceria com ele. Pensou em controlar a situação, aceitando reencarnar mas mantendo sua magia o seu mental intacto, e que poderia continuar seus feitos e conquistas no mundo dos encarnados. Foi quando seus pensamentos foram interrompidos com grande poder e autoridade pelo Orixá Ogum das Sete Espadas, que ditou a sentença e ele se deu conta de que não havia outra forma. Naquele momento, a pequena centelha que ainda existia dentro dele aceitou sua sentença. Mas percebeu que naquele exato momento seus amigos intercederam por ele, se comprometendo em acompanhá-lo, que Abnoba, sua mãe, se pron-

tificou a reencarnar um pouco antes para preparar o caminho e viu o desenrolar de toda a sua trajetória até chegar aquele momento.

Retirando lentamente o capuz que cobria a sua face, Breandan deixou cair lágrimas sentidas de seus olhos, elas brotavam de seu coração, do mais íntimo de seu ser, e quanto mais ele chorava, mais seu chacra cardíaco se iluminava, todos acompanhavam aquele momento de transformação em silêncio, respeitando a transformação que estava ocorrendo dentro daquele espírito, que tomava consciência do quanto tinha se afastado do amor divino e de suas bênçãos.

Manteve-se com os olhos fechados, deixando o pranto lavar sua alma imortal.

Em outro lugar, vários espíritos reunidos mantinham uma malha de proteção ao redor do Vale dos Dragões, local onde ocorria tal evento. Sustentavam a energia que permitia que Breandan não fosse acessado pela horda de espíritos que tinham sido atraídos para lá no momento em que Sebastian plasmou a forma do grande Mago Breandan na frequência à qual ele estava conectado. Todos identificaram tal frequência e foram atraídos como moscas pela luz.

Porém não conseguiram se aproximar, o que permitiu que Breandan não fosse envolvido e não se conectasse àquela frequência. Dentro da malha protetora também Arthur, Abnoba, Kayla e Pai Benedito sustentavam as vibrações protetoras, e assim, todos em sintonia, mantinham o equilíbrio daquele ambiente, permitindo que Breandan acessasse tudo o que precisava para que ocorresse por vontade própria a transformação necessária para sua jornada de retorno.

Era importante que Breandan escolhesse o retorno por vontade própria, o que causou uma grande fúria nos antigos companheiros, que a cada momento se avolumavam mais à volta do grande domo de energia cristalina que se formou naquele ambiente, impenetrável ao poder das suas magias, ao contrário, estas eram impotentes ante a Luz que cercava aquele local.

Quando o pranto foi se acalmando, Breandan abriu lentamente os olhos, e à medida que levantava o olhar retomava a forma de Sebastian, que olhou com grande humildade a todos à sua volta, ciente do poder de que era portador e mentalmente alcançando a todos, mesmo os que estavam distantes daquele local, e disse de forma sentida:

S – Obrigado, obrigado por não desistirem de mim, compreendo quem sou agora, e não quero ser nada mais que isso. Apenas um espírito que inicia sua caminhada de retorno em direção ao Criador – e nesse momento caiu de joelhos e fez uma prece sentida.

"Ah! Meu Pai e Criador, que jamais abandona nenhum de seus filhos, quão escuros foram os caminhos que escolhi trilhar. Obrigado, amado Deus, por manter a Sua centelha acesa em cada um desses irmãos que por vontade própria escolheram me guiar por essa nova oportunidade que ora se apresenta. Sim, meu Pai, quero de todo o meu coração retornar ao caminho do qual me desviei e o alcançar novamente, honrando as suas forças vivas e divinas que ainda brilham em mim."

E ao se colocar em pé, não era mais aquele menino que ali chegou, mas um espírito mais consciente tocado pelo amor e pelo desprendimento de todos à sua volta.

Foi Abnoba quem tomou a frente e o acolheu em um abraço amoroso. Quando o envolveu em suas vibrações, o chacra cardíaco de Sebastian se iluminou com grande intensidade e todos o abraçaram com lágrimas nos olhos e grande amor em seus corações.

Despediram-se de Arthur, que voltaria a esferas mais elevadas, pois sua tarefa no Vale dos Dragões estava cumprida. Sebastian o abraçou com grande gratidão.

A – Ei! Não pense que tudo termina assim, ficarei de olho em você, rapaz, mas se precisar pode sempre contar comigo.

S – Agora sei disso, muito obrigado.

B – Vamos, aqui nossa missão está cumprida por ora.

E regressaram ao ponto comum de encontro, onde todos os esperavam com grande expectativa.

N – Então, Sebastian, agora compreende melhor tudo o que o cerca?

S – Sim, meu amigo, agora compreendo, e não tenho palavras para agradecer pelo seu desprendimento vindo em meu auxílio.

M – Estamos todos muito felizes por você, Sebastian – falou Meryadís, dando-lhe um abraço afetuoso.

S – Ainda não compreendo bem quem é você, Kayla, não ficou claro para mim.

K – Tudo ao seu tempo. Por hoje você já teve emoções demais.

B – Concordo. Hora de voltar, meu menino, sua jornada começa de verdade a partir de agora, vá em paz, o mais difícil você já superou e com certa maestria.

S – Está bem, Abnoba? Me acompanha? Ou, melhor, vamos para casa, mãe?

A – Sim, querido, vamos para casa – disse Abnoba, plasmando a atual forma de Janaíra.

Então foram Nathanael, Janaíra e Yan. Quando chegaram, Yan falou:

Y – Sebastian, fico feliz que tenha escolhido manter a sua forma atual, não leve a mal, mas você me dava arrepios em outros tempos, só em pensar que iria ter que o confrontar, o que ocorreu diversas vezes naquele local de escuridão. Confesso que seu olhar muitas vezes me assustou, e você me pôs para correr algumas vezes.

S – Peço-lhe sinceras desculpas, meu amigo, a partir de hoje terei cuidado com o poder que conquistar, pois vi o estrago que se pode causar quando usado de forma inadequada que vai contra as leis da criação divina.

N – Bom, meu amigo, volte agora e acomode-se, amanhã não lembrará de muita coisa, mas sua mãe estará lá para apoiá-lo nessa jornada, confie no amor que os une.

Dizendo isso, Nathanael tocou a fronte de Sebastian, que imediatamente retornou ao seu corpo e se acomodou, pois um novo dia estava quase nascendo.

N – Cuide bem do nosso menino, Janaíra, pois agora começa nova etapa e teremos que estar atentos a tudo o que o cerca dia após dia, não podemos baixar a guarda.

J – Com certeza, Nathanael, mas creio que já vencemos a pior parte. Confesso que fiquei apreensiva em alguns momentos, pois vi o quanto ele lutou com o poder dentro dele, mas a luz sempre prevalece sobre as trevas, a bondade divina não tem medidas, corrige os equívocos e jamais abandona. Fique em paz, meu amigo.

E nesse instante Janaíra também retornava ao seu corpo, com a consciência de mais uma etapa vencida.

Enquanto isso, todos os demais ainda se encontravam reunidos, aguardando a volta de Nathanael. Foi Jaciarana que iniciou o diálogo.

JC – Creio que essa etapa está vencida com louvor, porém fiquei atenta aos antigos companheiros de Breandan, e percebi que não ficaram nem um pouco satisfeitos com a escolha consciente dele. Ouvi quando tramavam atacá-lo com magia, provocando o seu desencarne de forma violenta, para poderem aprisioná-lo em seus domínios novamente.

B – Estou ciente, querida irmã, por essa razão Janaíra irá conduzi-lo a um centro espiritualista onde Sebastian desenvolverá algumas habilidades e logo se interessará em utilizá-las para curas, e assim podemos utilizar de sua mediunidade para protegê-lo. Mas, veja, esses seres já perderam a grande influência que tinham sobre Sebastian no momento em que ele orou de forma sincera e sentida ao Criador. Naquele momento ele saiu daquela baixa frequência e não poderá ser acessado mais tão facilmente. E Arthur estará atento. Mas estou ciente de que ainda poderão causar alguns incômodos. Por isso, Jaciarana, você será a mentora dele no dia a dia e eu vou me preparar para ser o guia. Por hoje encerramos aqui, todos retornem às suas esferas na paz do Senhor e amparados pela Fonte da Vida que jorra em cada coração. Salve, irmãos.

Capítulo X

O Vale dos Dragões

O lugar para onde Sebastian foi levado para despertar e tomar consciência de quem realmente ele era é conhecido como o Vale dos Dragões. Lugar onde, pelo mau uso da magia, seres sedentos de poder de manipulação e desprovidos de sentimentos foram criando para ser seus domínios. Desprovidos de sentimentos, a cada vez que escolhiam fazer o mal e usar de crueldade com os demais os sentimentos iam ficando cada vez mais frágeis até serem anulados completamente. As mentes daqueles seres eram mentes disciplinadas e perversas, cada vez mais voltadas ao desenvolvimento do controle mental, forma pela qual muitos seres são facilmente atraídos e escravizados.

Os Dragões, como eram conhecidos, raramente apareciam, criavam hologramas com suas imagens e controlavam seus domínios a distância, não se expondo com facilidade, pois estes também estão sujeitos à Justiça Divina, e chegará a hora em que todos terão que prestar contas de seus atos perversos e doentios, não existe esconderijo que os oculte da Lei Divina.

Arthur, amigo de Sebastian, conhecia muito bem o Vale dos Dragões, pois fez muitas incursões até lá para tentar resgatar o Breandan e muitas pessoas que ele havia levado cativas e as aprisionava mentalmente a fim de se utilizar das suas energias mentais e de seus fluidos para praticar magias cada vez mais poderosas, e para que obtivesse sucesso precisava dos fluidos dos espíritos de desencarnados e também de encarnados, que durante o sono ele atraía para seus domínios para se utilizar do máximo que podia das

energias, mas tomando o cuidado de não exaurir os escravos, pois precisava deles. Arthur se movimentava com segurança por aqueles pântanos fétidos e escuros, pois pertencia às falanges de Ogum das Sete Espadas e possuía em si os mistérios necessários, que eram ativados cada vez que precisava, pois para transitar em um lugar que se localiza nas profundezas do abismo onde a luz do Sol jamais chega, onde o solo parece feito de lâminas afiadas que cortam os pés daqueles que se aventuram sem conhecimento, onde as paredes são de pedras frias e cobertas por uma substância lamacenta que contém uma espécie de vapor venenoso que faz com que aqueles desavisados que penetram nos domínios dos dragões percam o senso de direção e jamais encontrem a saída. Sim, Arthur conhecia muito bem aquele lugar, tanto que para poder circular livremente sem ser percebido baixou o seu gradiente de energia, ou seja, ocultou totalmente a sua luz e se cobriu de farrapos negros, e por longo tempo caminhou pelo domínio dos dragões sem ser percebido por eles e assim conseguiu resgatar um número muito grande de espíritos perdidos, confusos e emocionalmente doentes que eram atraídos para lá e acabavam cativos.

Mas ainda tinha aqueles que de própria vontade se lançavam nesses abismos por estarem vibrando em frequências semelhantes, ou seja, na baixa frequência dos dragões, seja por envolvimento com drogas pesadas, violência, sexo desregrado ou outras razões que se ocultam no íntimo dos seres desprovidos de qualquer empatia ou sentimento de humanidade. Outros ainda eram atraídos e, mesmo inconscientemente, ao dormirem, são tragados e levados para esse domínio para servir de diversas maneiras aos magos, pois em outros tempos fizeram promessas ou assumiram contratos aos quais estão presos e, não tendo consciência pois não buscam a espiritualidade de nenhuma maneira que pudesse esclarecê-los para libertá-los, ficarão assim por muito tempo até se darem conta de que podem se libertar e voltar a ser espíritos livres e conhecer outros lugares de crescimento e evolução.

Quando compreendemos que o caminho do meio é o caminho ideal, pois está à margem dos exageros, nos damos a oportunidade de crescimento.

Por essa razão, é muito importante cuidar da nossa frequência – ou seja, dos nossos pensamentos ao nos deitarmos para dormir, pois acessamos as frequências às quais estamos conectados naquele momento –, procurar nos conectar com nossos mentores, guias, anjos da guarda, não importa como cada um entende e se relaciona com a espiritualidade, mas ter a certeza de que quer estar em boa companhia durante a viagem que o sono nos proporciona.

Arthur era um soldado das falanges do Senhor Ogum das Sete Espadas, era portador de alguns mistérios que o capacitavam a andar pelos lugares mais escuros do baixo astral. Durante aproximadamente um século escolheu ficar por perto e cuidar mesmo a distância de Breandan, para ver se de alguma forma conseguia atingi-lo e fazê-lo refletir, quem sabe em um momento de sanidade e clareza ele perceberia o grande equívoco e o quanto estava se afastando de sua verdadeira essência, pois sua origem era divina. Fora da concepção de tempo que temos no nosso planeta, é difícil aceitar que o tempo seja diferente em outras dimensões, e muitos sequer cogitam falar sobre o assunto, pois se torna por demais cansativo e chega a parecer delírio. É normal não acreditarmos no que não conseguimos ver ou tocar, e a percepção que temos do tempo é algo muito pessoal, para alguns passa rápido demais e para outros demora uma eternidade para passar.

No Vale dos Dragões o tempo era muito relativo ou praticamente inexistia do ponto de vista daqueles que estavam por lá há alguns séculos e ainda não se davam conta de que poderiam clamar a Fonte criadora e em algum momento poderiam ser retirados de lá. A verdade é que estavam muito, mas muito longe das fontes de energia e fontes de luz, a única energia que era abundante naquele local era a maldade e a sede de poder. Arthur observava Breandan a distância, e muitas vezes chegou muito próximo a um combate com o poderoso mago. Arthur sabia explorar as fontes de proteção que o cercavam, e também aprendeu a conhecer melhor Breandan e, à medida que ele caía ainda mais, acompanhou a sua trajetória rumo aos domínios dos Magos Dragões até vê-lo ir pouco a pouco se tornando um deles. Arthur mantinha todos os demais amigos de Breandan informados de como ele estava e no que estava se transformando, e à medida que caía tornava-se cada vez mais cruel, não poupando ninguém, nem mesmo os inocentes.

O Vale dos Dragões em si era protegido por uma magia de invisibilidade, não era fácil encontrar a entrada e era impossível encontrar a saída de lá, somente os seres com alto gradiente de luz entravam e saíam quando necessário, e Arthur era um desses seres. Foi ele que informou ao grande conselho que Breandan estava entrando em um caminho sem volta, mais um pouco e não conseguiria mais ser resgatado. Foi nesse momento que Pai Benedito interveio por seu pupilo, pois ele fora o Mago Iniciador de Breandan e solicitou uma última tentativa de resgate, a única ainda possível para trazê-lo de volta ao caminho original. A Reencarnação.

Capítulo XI

O caminho

O caminho apresenta-se à nossa frente de forma simples, mas nossa tendência é fazer com que tudo pareça longo demais, ou difícil demais, temos padrões bem arraigados, crenças que nos acompanham desde muito cedo. Tendências a esperar que coisas boas sempre nos cheguem de fora, a esperar sem tempo determinado, chamamos de esperança a vontade de que tudo mude, procrastinamos das menores às mais importantes decisões e assim criamos o nosso amanhã, que se torna cansativo, difícil e impossível de ser feliz. Tudo fica distante demais.

Assim, em nosso tempo, em nosso planeta, o relógio tem apenas um ritmo que nos dá a sensação de que nunca temos tempo suficiente.

Para Sebastian o tempo estava apenas começando a delinear suas novas escolhas. Suas lembranças eram apenas fragmentos, mas em seu espírito estavam impressas claramente, à espera de novas conquistas.

Janaíra, após o episódio do despertar de Sebastian, se mantinha atenta a cada movimento, acompanhando suas reflexões e deixando que fossem tomando forma, sempre dando a ele liberdade de se expressar. Por vezes apenas o observava e procurava sempre que possível plantar sementes sobre escolhas e aprendizados, ao que Sebastian recebia de forma carinhosa. Foi quando Janaíra se aproximou e perguntou:

J – Sebastian, querido, está tudo bem? Vejo que hoje encerrou seu dia cedo, não pensou em encontrar seus amigos?

S – Oi, mãe, sim, está tudo bem, mas não tenho mais vontade de encontrar o pessoal, não consigo mais compartilhar daquelas brincadeiras e parece que tudo fica insuportável, e acabo não sendo boa companhia. Prefiro voltar para casa, mas ando pensando que preciso fazer alguma coisa, não gosto desse vazio improdutivo.

J – Ótimo, concordo com você. No que pensou?

S – Em nada ainda, mas estou tendo umas sensações ultimamente, como se eu nunca conseguisse ficar só. Sinto a presença de alguém junto a mim. Você vai rir, mas parece que uma menina me segue incessantemente, às vezes tenho a impressão de que ouço ela falando comigo, e o engraçado é que tudo o que ela fala fica gravado e utilizo para minhas reflexões.

J – Gostei, ao menos não está ficando sozinho. E o que ela lhe fala, você pode compartilhar comigo alguma coisa? – falou Janaíra sorrindo, como a provocar Sebastian.

S – Ah! Claro que sim, na verdade me lembrou algumas de nossas conversas, e outras que provavelmente já tive, mas não lembro com quem. Veja, vou repetir uma das reflexões que me pareceu mais uma meditação sobre que caminho seguir. Ouça.

E Sebastian começou a narrar a reflexão com gestos como se estivesse recitando uma poesia.

Caminho junto ao remanso. Observo as margens, aspiro os diversos aromas que compõem aquela paisagem, percebo as cores, as formas de toda a vegetação, solo, flores e construções.

Então, olho para a água e nela vejo a minha imagem refletida. Num primeiro momento, apenas olho, num segundo momento, vejo realmente o que a imagem significa.

E o que significa?, me pergunto.

Que um bom tempo se passou, o rosto está marcado, novas expressões deram novos contornos àquele rosto. Levanto os olhos

e exercito a maravilhosa arte da percepção. Cada detalhe daquele quadro vivo me salta aos olhos.

Me pergunto: outrora havia essa percepção?

Como eu percebia essa mesma paisagem? Volto-me então para um tempo passado e constato que nada daquilo era percebido. O tempo apenas passava, as horas eram preenchidas com tantas tarefas que o simples gesto de olhar e perceber não era exercitado.

O tempo apenas passava e as horas eram preenchidas com reclamações e tarefas inúteis na maioria das vezes, mas isso era normal, era o que eu era, e o tempo passava e as horas eram tristes, não havia luz no olhar, as trevas internas impediam o brilho dos reais sentimentos e tudo parecia apenas passar... Mais um dia, mais um mês, mais um ano, mais um século e... o tempo apenas passava.

Hoje entendo que a concepção de tempo é relativa. Quando absorvo todos os detalhes do meu dia e preencho a minha mente com todas as imagens, sons e cores do meu dia, sinto que me elevo e fico mais perto de quem eu realmente sou. O ser Essencial, o Eu Sou, a Centelha Divina, a essência que mora dentro de mim e me inspira a crescer e a evoluir. Mesmo que o tempo não pare, agora registro cada detalhe com amor e com carinho, pois desenvolvi a capacidade de explorar os contornos sem tantas críticas, mas com respeito ao Ser que me tornei, perfeito, saudável e completo. Eu sou a capacidade de transcender todas as imperfeições.

Cada pequeno aprendizado nos eleva. Não são nossos títulos ou certificados que dizem o que somos, eles apenas atestam que aprendi ou estive em contato com aquele aprendizado. Eu não sou meus títulos, eu sou muito mais do que eles atestam. Neles estão intrínsecos as horas de dedicação, disciplina, comprometimento e vontade de aprender, eles agregam aquele conhecimento específico ao que eu já sou. Eles certificam o que preciso para esta vida para a qual vim para desempenhar determinado papel.

S – Então, mãe, o que achou?

J – Muito sábia essa sua meditação. O que pensou sobre ela em relação a este momento em sua vida?

S – Interessante você me perguntar isso, mãe, tem tudo a ver. Na outra noite tive um sonho muito assustador, sonhei que eu

era mais velho, tinha muita gente comigo, e em determinado momento eu sentia como se todos me temessem. Foi aí que olhei para meu rosto e eu sabia que era eu, mas meu rosto estava envelhecido e eu sentia como se dentro de mim morasse um frio interminável, não havia nada para aquecer meu coração, eu tinha a consciência de que precisava mudar, mas sentia dentro de mim duas forças que me disputavam. Em determinado momento, temi, pois, a força do mal que existia em mim parecia que ia vencer e estava quase vencendo, quando senti um toque muito suave que me aquecia o coração e me pediu para voltar. Eu não sabia ao certo voltar para onde, mas naquele momento senti que deveria voltar, e quando decidi que ia voltar, me vi novamente como eu sou, Sebastian. Desde esse dia, mãe, penso que preciso fazer alguma coisa, escolher qual caminho devo trilhar a partir de agora, e sinto que não tenho muito tempo.

J – Muito bem, meu querido, vejo que realmente o tempo o alcançou. – E rindo disse a Sebastian: – Olha só, já vejo algumas rugas de preocupação se formando e alguns cabelos brancos também. Que tal me acompanhar hoje à noite ao Templo Espiritualista para tomarmos um passe?

S – Sim, gostei da ideia. E a menina que lhe falei que parece minha sombra, lembra? Disse que estou precisando, já era hora.

J – Muito bem, então vamos todos juntos, vamos nos aprontar, procure colocar roupas claras, pois em alguns lugares não deixam você entrar se estiver com roupas mais escuras, está bem?

S – Sim, entendi.

Quando chegou a hora de saírem, Janaíra chamou Sebastian, que já estava pronto e animado com a possibilidade de visitar novamente um Templo Espiritualista. Ele não percebia, mas naquele momento estavam todos os amigos reunidos para acompanhá-lo ao que seria o início de sua jornada espiritual com o foco de refazer o caminho, agora atuando ao lado da espiritualidade, ao lado da luz que ele abandonara há muito tempo, e como um sábio aprendiz recomeçar.

Assim, Pai Benedito tomou a frente e falou à equipe que ora se apresentava para o trabalho:

B – Meus irmãos, teremos bastante trabalho à nossa frente, nosso menino conserva impressões ainda bem fortes, as quais ele terá que no dia a dia aprender como aplicar. Em alguns momentos teremos confrontos, pois ele será perseguido pelos antigos companheiros e também terá a chance de convidá-los a trilhar novo caminho, um caminho de luz como ele mesmo está fazendo.

Eu atuarei na linha dos pretos velhos, e comigo virão Arthur, que atuará a serviço de Ogum, Kayla, que trará a energia do povo do mar da linha de Iemanjá, Jaciarana, que trabalhará na linha das crianças, Nathanael e Yan, que assumirão a linha dos Exus e se apresentarão como Sete Encruzilhadas e Tranca-Ruas, Meryadís, que virá na linha de Oxóssi e trabalhará com o povo das matas, mais especificamente com as Juremas. E Felipe, que virá na frequência de Xangô Sete Cachoeiras. Agora vamos nos preparar para acompanhar nosso menino, vamos aguardá-lo lá no Templo Espiritualista de Umbanda, pois não teremos descanso a partir do momento em que ele escolher esse caminho.

E partiram em direção ao Templo Espiritualista Luz do Oriente. Em poucos segundos já se encontravam na frente do Templo e foram recebidos pelos guardiões do local.

– Salve, amigos – foram saudados pelos Exus guardiões daquele local. – O que os traz aqui?

Foi Pai Benedito que falou:

– Salve, irmãos, estamos aqui, pois daqui a alguns momentos chegará o nosso protegido, que será um médium trabalhador dessa seara. Nós nos antecipamos, pois como já perceberam a energia está se adensando rapidamente. Teremos algumas visitas que tentarão afastá-lo dessa caminhada e estamos todos aqui para garantir que isso não aconteça e contamos com a vossa ajuda para conter esses seres que virão em falanges e podem nos dar a todos muito trabalho, mas é importante que nosso protegido adentre esses portões sem maiores problemas.

　　　　O VALE DOS DRAGÕES — O DESPERTAR

G – Conte conosco, já estávamos esperando algo parecido, o médium dirigente da casa já foi intuído logo cedo, pois chegou com bastante antecedência no Templo e trouxe com ele a falange de Ogum das Sete Espadas como reforço aos trabalhos de hoje, então, irmão, não há com o que se preocupar. As ordens que vêm do nosso Criador não passam despercebidas. Vocês terão livre acesso a este ambiente, e se precisarem é só chamar.

Naquele momento se aproximavam do Templo Janaíra e Sebastian, e na frente deles vinha Nathanael, atrás Yan e Jaciarana, formando um escudo de luz à volta deles, tornando-os invisíveis aos olhos dos seres trevosos que os estavam esperando. Porém não perceberam que eles se aproximaram até o momento que se deram conta de que eles já haviam entrado no Templo. Foi quando resolveram fazer um ataque sem o menor efeito, pois foram contidos pelos muitos guardiões que estavam posicionados para fazer a defesa energética daquele local.

À medida que Sebastian se aproximava com sua mãe do Templo, foi ficando mais introspectivo e sensível às energias que o cercavam, e por um instante pareceu ter visto a figura de um soldado armado à sua frente levando em sua mão esquerda uma lança e na sua cintura uma espada que, mesmo embainhada, ele podia ver o reflexo de sua luz. Ficou intrigado. Foi quando entrou e viu na parede um quadro com a imagem de um preto velho que parecia olhar para ele com uma amorosidade que ele não conseguia explicar. E então ouviu: "Meu filho, seja bem-vindo. A partir de hoje caminharemos juntos novamente". Uma lágrima rolou pela sua face, e ele não conseguiu deter o pranto emocionado. Janaíra, que conseguia ver os espíritos, o abraçou e agradeceu em pensamento a todos que estavam ali por livre escolha para dar a Sebastian apoio nesse novo caminho. Não é o caminho que nos escolhe, somos nós que escolhemos que caminho queremos trilhar.

E naquele momento começou a trajetória de Sebastian, um espírito secular, poderoso outrora, mas agora se tornando novamente um aprendiz.

Capítulo XII

O propósito

Começava para Sebastian um novo tempo, um tempo de crescimento, um tempo de oportunidades para seguir em frente com um propósito mais focado no futuro, não no futuro próximo, mas no futuro que define e nos integra a um plano maior do qual fazemos parte. É como retornar ao caminho depois de andar por um longo período por atalhos que nos levaram a caminhos tortuosos, desconhecidos e muitas vezes dolorosos.

Propósito é o que se busca atingir, realizar, são objetivos que definimos e os quais temos a intenção de alcançar. Qual é o propósito da vida que levamos? Por que nos lamentamos e não conseguimos ficar satisfeitos com o que conquistamos? São algumas questões que nos perturbam, pois está faltando algo, um vazio preenche o espaço criativo e capaz, incapacitando-nos e nos fazendo acreditar que não merecemos a grandeza, a harmonia e a realização aqui e agora.

Sebastian e Janaíra aguardavam seu atendimento sentados em um banco simples em um ambiente em que se sentiam amparados e bem-vindos. Sebastian estava concentrado, com a cabeça baixa, quando ouviu seu nome ser chamado. Levantou a cabeça, mas não viu ninguém, fechou os olhos e novamente ouviu:

— Sebastian, escute com atenção o que vou lhe falar neste momento, pois o cálice da vida está sendo colocado à sua frente. Ouça:

Cálice fonte de vida, esperança, renovação, cura e ascensão.

O cálice representa a vida, muitas vidas depositadas na mão do eterno, que volta sempre à sua origem depois da jornada.

Durante a jornada o cálice representa o sangue do cordeiro (Cristo) que se derrama em nossos caminhos com o bálsamo do Amor eterno, Amor incondicional, onipresente, Amor consolador, Amor incentivador, Amor sublime, Amor companheiro que traz junto consigo um exército de soldados fortes, poderosos, guerreiros que nos mantêm protegidos durante a luta, que não descansam até a vitória final.

Então, o cálice se transforma no cálice da vitória. Vitória sobre as próprias inferioridades, sobre as próprias quedas, sobre os medos. Principalmente o medo de viver, que muitas vezes está pautado na inconsciência, na arrogância, na mentira e na ilusão.

Tudo criado na própria mente.

O homem, sem sair do lugar, se coloca em prisões de segurança máxima, se impõe limites que são severos e difíceis de ultrapassar. Trava seus sentimentos como se congelados estivessem, esquece de aquecer o coração no calor da bondade e da gratidão.

Nos labirintos que cria para si coloca monstros e gigantes que impedem a si mesmos de ver a luz brilhar.

Cada um carrega a centelha divina dentro de si, tão simples e tão poderosa que fica por vezes uma existência inteira adormecida por não encontrar um raio de Sol que a desperte.

Buscar longe o que está tão perto é como morrer de sede a poucos passos da fonte, e essa fonte é inesgotável, pura e incorruptível.

Neste século tem início a tomada de consciência e a escolha para onde se quer ir e como se quer chegar ao destino. Os atalhos estão cada vez mais numerosos, enquanto o verdadeiro caminho está sendo encoberto pelo cascalho e os espinheiros da ilusão.

Onde cada um deseja estar, e qual o caminho que deseja tomar é uma decisão pessoal.

Esta mensagem traz como alerta a necessidade de parar e refletir em que ponto da jornada cada um está e o que está fazendo com sua oportunidade de crescimento e ascensão. A cada dia a ur-

gência é maior, o planeta está passando por severas transformações e está requerendo de todas as almas devoção e ajuda para que a pulsação não diminua, pois poucos ainda se colocam a serviço da vibração da luz. Alguns têm a impressão de estar em um sonho que não terá fim. Porém, quando houver um despertamento, que não está distante, a vibração do planeta sofrerá uma mudança considerável, pois aqueles que estão se preparando perceberão e serão conduzidos ao esclarecimento. Cada vez mais constantes. De formas diferentes, em diferentes partes do planeta, as mensagens recebidas em um ponto também serão recebidas igualmente em pontos opostos.

A luz faz o seu chamado constantemente, mas cada um tem o seu livre-arbítrio para aceitar ou não.

Pedimos cada vez mais que se intensifiquem os pensamentos de amor e gratidão que são duas forças que estão representadas no cálice da vida e jorram em abundância para todos os corações abertos a essa energia, que diariamente é enviada a este planeta.

A mente duvida, mas o coração acredita. A mente ergue barreiras, enquanto o coração se enche, se derrama e se expande sem limites, para viver banhado em amor.

Eu sou enviado para despertar as consciências adormecidas deste tempo, e ao despertá-las conduzi-las à luz e ao caminho que leva à verdadeira compreensão.

Dedique um momento do seu dia para apenas respirar e limpar os entraves criados pelos pensamentos egoístas e confusos. Aproveite para refletir para onde e como deseja chegar ao seu destino.

Eu sou Javiel e estou aqui para ajudá-lo a trilhar um caminho de luz e doação.

A fonte da verdadeira realização é saber que nunca se está só, é só estender a mão e aceitar a ajuda com simplicidade. É essencial que se domine a atividade mental e deixe a serenidade se instalar. Qual é o seu propósito, Sebastian?

Absorto em seus pensamentos, Sebastian não ouviu que agora era chamado para seu atendimento, foi quando Janaíra tocou seu braço e o despertou.

J – Filho, chegou a sua vez.

S – Desculpe-me, mãe, não ouvi, já estou indo. Você não vem?

J – Não, meu filho, você entrará sozinho desta vez.

Assim, Sebastian entrou no congá para sua consulta, e, ao chegar na frente do preto velho, este o recebeu com um sorriso e, segurando suas mãos, falou:

– Meu filho, como você demorou a chegar até aqui... Mas o tempo é agora e esta é a hora certa, não é mesmo? Me chamo Preto Sebastião e estou aqui para lhe perguntar, meu filho: qual é o seu propósito? Qual o caminho que você vai escolher trilhar agora? Vai pegar atalhos ou dessa vez vamos em frente, meu filho?

S – Boa noite, Preto Sebastião, como vai o senhor? Me desculpe, não sei responder muito bem as suas perguntas, mas sei que quero trilhar o caminho pelo qual eu vim para trilhar, sem desvios dessa vez.

PS – É assim que se fala, meu filho, você tem muitos amigos que estão aqui hoje a acompanhá-lo, e tenho certeza de que dessa vez irá se manter no caminho. E então, quando virá para esta seara para trabalhar? Já é hora e há muito trabalho a fazer, você precisa começar sem demora.

S – Quando eu estava sentado aguardando eu já sabia que seria convidado e minha resposta seria esta: sim, eu aceito e, sim, quero estar a serviço do Criador, e hoje aqui sinto que é onde começa realmente a minha jornada.

PS – Sim, meu filho, embora você tenha outrora sido um iniciado, um mestre, um mago, hoje aqui você aceita se tornar novamente um aprendiz, e ao trilhar este caminho, meu filho, seus símbolos sagrados, aqueles que traz impressos em você, irão se tornando vivos novamente. A cada passo que você der com humildade em direção ao Criador, mais vida eles terão. Aqui você será um curador de almas, e a magia da qual você fez mau uso irá voltando ao equilíbrio, pois é o mago que torna a magia boa ou má, pois a magia é pura energia que se molda aos comandos do mago. Por esta razão você terá que lembrar sempre a quem quer servir, pois dessa sua escolha é que virá o seu poder de criar, curar e dar vida ou o oposto disso, e a sua escolha é que definirá em quem você quer se tornar. Lembre-se da dualidade a que está exposto neste mundo. Haverá sempre a escolha entre as trevas e a luz, o amor ou o ódio, a evolução ou a queda. Sempre há uma escolha e ninguém decide por você e também ninguém é responsável por sua queda a não ser você mesmo ao escolher ou ao aceitar sugestões. Toda a sua jornada é muito pessoal e não depende dos outros. Os outros são amparo, auxílio para seu caminho, são o apoio que precisa para a longa jornada, mas jamais serão sua salvação, mas poderão ser a sua queda, e ainda assim a responsabilidade é sua. Compreendeu minhas palavras, filho meu? São simples como a sabedoria deve ser. Estou na forma desse preto velho hoje auxiliando espíritos como você a encontrar uma razão, uma luz para voltar ao Criador, mas também já estive na carne e nela também me perdi, e nela também encontrei minha redenção e achei o caminho de volta e hoje estou aqui à disposição para, com palavras simples, despertar a atenção dos meus filhos para olharem para seus caminhos e encontrarem a estrada e reconhecerem quando se apresentam atalhos. Procuro apenas contar uma história simples para que percebam que os atalhos podem parecer curtos no agora, mas mais adiante podem afastá-lo tanto do caminho original que poderão perder a noção de distância e demorar muito para reencontrar o caminho original. Assim, deixo para você minha mensagem e que seu coração, filho meu, decida por onde quer começar.

Sebastian ouvia a tudo o que era dito com lágrimas nos olhos, pois reconhecia a verdade naquelas palavras e sabia que ele tinha perdido a noção de distância e tinha se afastado muito do seu caminho original, mas tudo o que sabia naquele momento era que ele queria retornar e refazer seus passos. Foi quando ouviu uma frase muito conhecida e que já tinha ouvido muitas vezes sem entender o seu real significado: "Você não pode voltar atrás e fazer um novo começo, mas você pode começar agora e fazer um novo fim".[4]

Aquela inspiração lhe caiu como um bálsamo para a alma, acalmando seu coração e lhe dando novas energias para recomeçar.

---

4   Frase proferida pelo Espírito Hammed recebida pelo médium Francisco do Espírito Santo e atribuída a Chico Xavier.

Assim, Sebastian concluía a sua consulta com o preto velho, que ao se despedir lhe disse:

PS – Até breve, filho meu. Aqui começa a parte mais fácil da sua jornada, mas nada tema, você tem muitos amigos com você, que ao adentrarem esta seara a preencheram totalmente. Vejo que todos vieram e estão muito felizes com a sua presença aqui. Seja atento e prudente daqui para frente, nunca esqueça a sua espada em casa e tenha a sua armadura sempre brilhante, pois as batalhas nunca cessam neste mundo de ilusões. O guerreiro tem que estar sempre pronto. Para encerrar, deixo uma pequena história para você lembrar e levar consigo e refletir:

E das profundezas surge uma força nunca antes vista, em forma de uma espada, com seu cabo entalhado com formas antigas, com quatro pedras: safira, esmeralda, rubi e diamante, com seu fio cortante muito afiado, sua lâmina refletindo as imagens à sua volta, tal qual espelho bem polido. Está em busca do guerreiro valente e destemido, com o coração puro e a alma de um "dragão", aquele que conseguirá empunhá-la sem que suas mãos queimem, aquele que não foge das batalhas, pelo contrário, vai em direção a elas. Luta bravamente, e, mesmo vencido pelo cansaço, não desiste e, mesmo ferido, não se esconde.

Guerreiro da luz, sempre pronto a aprender e a ensinar, é mestre e aprendiz, bravamente busca a caça, alimenta seu corpo e também a sua alma, resiste tal qual uma rocha. Em sua existência seguiu com orgulho, serviu apenas ao seu coração e à sua consciên-cia. Nenhum mal causou em momento algum, e já no fim da sua caminhada todos querem saber quem é este bravo guerreiro que a espada espera.

E nas areias do tempo se escreve o nome do guerreiro: "seu nome[5]". Ele tem mil faces, mil corações, mil desejos e somente uma verdade. Cada ser representa o guerreiro, e a espada representa a sua nobreza, os seus valores. Como e quando empunhá-la cada um saberá, mas sua mão somente conseguirá erguê-la quando seu coração se tornar puro e a única verdade existente seja o sagrado dragão que habita dentro de cada guerreiro, ou seja, a sabedoria incontestável adquirida ao longo do caminho e a pureza que habita

---

5   Cada um de nós é o guerreiro ao qual o mentor se refere, por isso você deve mentalizar o seu nome no trecho do livro.

em seu coração, onde o seu ser vibra e respira a grandiosidade do Universo ao qual ele pertence e onde os mistérios não passem de uma maravilhosa lembrança.

Sebastian ouvia com atenção e absorvia cada palavra, e falou ao preto velho:

S – Obrigado, meu bom amigo, sei a quem pertence a espada e sei o que significa cada pedra que ela ostenta e sei também quem o dragão representa. Salve, Preto Sebastião, voltarei em breve.

PS – Que assim seja – disse o preto velho com um sorriso em seus lábios. – Porque assim é, filho meu.

E assim Sebastian e Janaíra voltaram para casa. Um silêncio se fez durante todo o trajeto. Janaíra sabia o que acontecera e deixou como sempre Sebastian à vontade para refletir sem questionar, exercitando a liberdade que só o amor permite, respeitando o tempo do outro sem interferir em suas escolhas. E assim nascia naquele momento um novo e amadurecido Sebastian.

Capítulo XIII

O aprendizado

Algumas semanas haviam se passado e Sebastian se decidira por trabalhar no Templo Luz do Oriente. Sabia que poderia contribuir com o ambiente e principalmente seria uma porta que se abriria para seu aprendizado. Estava feliz com sua decisão e finalmente estava sentindo naquele momento uma grande paz em seu espírito, não porque acreditava que tudo seria diferente, num caminho palmilhado por rosas, mas sim porque finalmente começara a entender que tinha um propósito e isso era real, a direção que ele precisava para iniciar sua jornada.

Passava do meio-dia quando chegou em casa e comunicou à sua mãe sua decisão. Janaíra estava na cozinha terminando o almoço e de certo modo já sabia o que Sebastian iria dizer, e apenas o abraçou carinhosamente dizendo-lhe o quanto estava feliz por vê-lo bem, aproveitando para descontrair o ambiente.

J – Sebastian, meu querido, vejo que nos últimos meses você tem mudado muito o seu comportamento. Vejo que amadureceu suas percepções e está feliz com isso, e devo dizer que não parece mais um menino e sim, em determinados momentos, parece-me que estou falando com meu pai e não com o meu filho. Por favor, não comece a ficar ranzinza, está bem? – Deu uma risada diante da expressão de espanto de Sebastian. – Estou brincando, meu filho. Demonstrar maturidade não tem nada a ver com nossa idade, pois tem velhos que se portam como meninos e vice-versa, é uma questão de entendimento e de saber seguir o fluxo que a vida lhe oferece absorvendo tudo, mantendo para si o que faz sentido e lhe parece correto e descartando o que é exagero ou não está de acordo com seu modo de viver, agir ou pensar.

S – Obrigado, mãe, você consegue me deixar tranquilo. Obrigado também por respeitar o meu tempo, sei que às vezes demoro a compreender, e aprendi a observar o quanto você me respeita nesse sentido sem me pressionar para saber o que estou pensando. Isso me faz confiar cada vez mais em você, e agradeço ao Amado Criador por ter me dado você por mãe. Hoje sei que foi seu amor que me guiou mesmo quando eu estava perdido, me deu exemplos de força e sabedoria. Nunca consegui lhe dizer isso dessa forma, mas quero que saiba que a amo muito, mãe.

J – Meu querido, eu também o amo muito, porque escolhi amar pelo que você é não pelo que você pode me oferecer, e é uma benção a sua presença em minha vida também.

Nesse momento, o pai de Sebastian entrou na cozinha. Fernando era cético, inflexível, e na maioria das vezes mal-humorado, e foi logo dizendo:

F – O que há com vocês dois? Estão quase chorando... Aconteceu alguma coisa que não estou sabendo? E por falar nisso, que história é essa de vocês irem procurar Centro Espírita? Já não conversamos sobre isso? Não é bom se meter com essa gente.

Sebastian percebeu que o momento era delicado, mas também era perfeito para esclarecer alguns pontos nos quais o pai nunca quis se aprofundar, e mais perfeito ainda para esclarecer como seriam as coisas daquele dia em diante.

S – Pai, você sabe que o respeito muito e em minha vida até o momento não lembro de uma única vez que o desrespeitei, mas hoje quero que saiba que este seu ponto de vista é antigo e preconceituoso. Acredito que este seja o momento de começar a se aprofundar em alguns assuntos que você conhece muito superficialmente e fala de modo pejorativo, porém desconhece seus fundamentos. Você mesmo diz que a ignorância é um mal da humanidade, então, acredito, pai, que está na hora de trazer o conhecimento e a sabedoria para sua vida e banir de uma vez por todas a ignorância que tem nesse assunto.

Sim, a mãe e eu fomos ao Templo Espiritualista e continuaremos indo, inclusive a partir de agora você tem um filho umbandista que vai trabalhar na corrente desse mesmo Templo. Assim sendo, convido-o a nos acompanhar e começar a se aprofundar nos estudos, pois só assim você poderá falar bem ou mal, mas com conhecimento de causa.

E sim, pai, estávamos a ponto de chorar de emoção lembrando as sábias lições que aprendemos até agora. Assim como amo minha mãe, amo você também. Tem sido um ótimo pai, mas não custa procurar entender o que mais existe à nossa volta e o quanto podemos ser amparados por um mundo que nossos olhos físicos não veem mas que nossa alma reconhece e se emociona com o desprendimento e a amorosidade que recebemos em troca, além de nos mostrar como tudo pode ser mais simples e harmonioso com uma simples mudança de atitude.

F – Meu filho, seus argumentos são bons e verdadeiros, não leve a mal o jeito com que olho as coisas, pois sempre aprendi dessa forma e sei que muitas vezes julgo apressadamente. Escolhi mal as palavras e peço desculpas a você e à sua mãe por isso, mas veja, alguma vez conversamos sobre isso aqui em casa? Esse assunto foi explorado por nossa família? Não. Pela afinidade que tem com sua mãe, vocês conversaram muito sobre isso, e somente agora estamos falando realmente sobre isso. Não pense, meu filho, que não percebi a sua mudança nos últimos tempos, pois eu o tenho acompanhado com muita atenção e sei que algo muito profundo o tocou e foi transformando aquele menino quieto e que não manifestava as opiniões em um jovem bem posicionado, e isso me deixa orgulhoso. Peço que tenham paciência comigo e me convidem a acompanhá-los na próxima vez, porque gostaria muito de diluir a minha ignorância a respeito do assunto.

Janaíra, que a tudo ouvia em silêncio, agradeceu no seu íntimo a mais essa luz que estava se acendendo em sua casa. Ao levantar os olhos, percebeu a presença de uma figura que emitia muita luz ao lado de Fernando, envolvendo-o em muito amor. Sorriu,

pois percebeu que chegara o momento de mais um coração despertar dentro de sua casa amparado pela bondade divina. Agradeceu emocionada ao Criador que sabe exatamente o que cada um precisa sem apressar o amadurecimento dos frutos, mas cultivando-os com amor e cuidado até o momento em que se abrem para iniciar a sua caminhada por vontade própria.

Além do almoço delicioso em família, tiveram momentos de muita alegria e entendimento como há muito tempo não desfrutavam. A energia da casa estava suave e agradável. Ficaram ali os três por longo tempo conversando e trocando percepções sobre tudo o que tinham em comum, e assim o tempo transcorreu de forma harmoniosa e produtiva.

Ao cair da noite, Sebastian se recolheu ao seu quarto. Estava bem, sentindo-se como há muito tempo não se sentia, com uma felicidade real dentro de si. Fez uma prece agradecida e deitou-se. Adormeceu em seguida e logo viu Nathanael a seu lado.

S – Nathanael, quanto tempo, que bom vê-lo aqui, meu amigo.

N – Também estava com saudades de nossas conversas. Pronto? Temos trabalho a fazer, não podemos perder tempo, nossos amigos nos esperam.

S – Então, vamos logo colocar aqui o "perdidinho da silva" a par do que está acontecendo. Hahahaha.

Sebastian já estava acostumado à velocidade do deslocamento e chegaram em instantes. Estavam todos reunidos ao redor de uma grande mesa, o que surpreendeu Sebastian. Tinha gente nova ali a quem ele ainda não havia sido apresentado.

S – Boa noite, Pai Benedito, como está o senhor?

PB – Muito bem, meu filho, e você, como tem passado?

S – Estranhamente, muito bem. Uma pena não poder lembrar de todo o contexto quando estou acordado, mas grande parte das sensações ainda conservo e me guio por elas.

PB – É assim mesmo, com o tempo você irá dominar mais a sua mediunidade, e ao desenvolvê-la de forma correta, aprendendo a respeito todo o conhecimento que for adquirindo, você terá maior facilidade de se lembrar do que conversamos, até porque estaremos juntos por longas horas enquanto você estiver trabalhando.

Ficamos muito felizes por você ter optado, meu filho, pelo trabalho no Templo Luz do Oriente.

S – É o que eu quero neste momento com todo o meu coração.

PB – Sebastian, queremos hoje lhe apresentar nossos irmãos de outras esferas que não as terrestres. São irmãos que vibram em frequência diferente da que você conhece ou está acostumado, eles serão o seu apoio quando precisar, pois os tempos estão mudando e as pessoas estão acessando outras frequências, e você terá que se familiarizar com esse novo aprendizado. Inclusive, vamos conduzi-lo a essa informação através de cursos e livros, pois é muito importante que os médiuns busquem o estudo. O médium tem que compreender a importância de se capacitar em muitas frentes, pois o saber (estudo) é importante para a construção do conhecimento. Médium que busca aprender e se capacitar colabora com seus guias e mentores, e o trabalho tem maior agilidade e efetividade, pois quando o médium não estuda ele depende que seu mentor o instrua desde os conceitos mais básicos, o que toma tempo, pois muitas vezes o médium impede uma comunicação mais efetiva por desconhecer o assunto e duvidar do seu guia/mentor, visto que em alguns casos fica achando que são coisas da sua cabeça e, no final das contas, isso não nos deixa dar o recado como tem que ser, ou seja, muitas vezes nos atrapalha e a pessoa terá que voltar algumas vezes até receber a mensagem completa.

Assim, meu filho, vamos ajudá-lo a se capacitar. Somente pedimos que esteja aberto a nos escutar, o que não compreender nos pergunte, e entenda que temos um relacionamento que vai durar por muito tempo, pois até desencarnar teremos muito o que fazer, concorda?

S – Sim, Pai Benedito, farei o possível, buscarei o conhecimento necessário. Peço que me orientem e, se eu me recusar, não desistam. Sim, podem puxar minhas orelhas.

N – Bem, Sebastian, deixe isso comigo. Já me conhece um pouco, e eu e Arthur ficaremos de olho. Desta vez você não terá descanso. Digamos que você também não nos deu descanso até pouco tempo atrás. Hahaha, será muito bom ver você suar um pouquinho.

S – Nathanael, cadê o amor que vocês estão há algum tempo despertando em mim, amor como base de tudo o que o Criador nos presenteou? Parece que você quer é me ver penar.

N – Aí é que você se engana, meu jovem irmão, o amor também está presente na disciplina e nos limites. Pois quem ama como o amamos não tem receio de colocar limites. Serão esses limites que o manterão no caminho e o impedirão de tomar atalhos novamente. A escolha sempre será sua, mas antes de escolher nos ouvirá e sempre tentaremos lhe mostrar amorosamente o que precisa entender. Temos um longo caminho à nossa frente, e saiba que nesse caminho seremos seus companheiros e amigos porque escolhemos acompanhá-lo até o fim, em nome primeiramente do amor que temos ao nosso Criador, que jamais desiste de seus filhos, e em segundo o amor que temos por você, jovem irmão, pois nesse momento você está novamente uma criança que precisa reaprender o que um dia já dominou, e, como toda criança ou jovem, precisa de acompanhamento e direcionamento para criar um futuro harmônico construído em bases sólidas, em rochas, e não construído na areia, que qualquer vento pode derrubar.

S – Perdoe minha atitude, ainda tenho muito o que aprender, Nathanael.

Sebastian foi interrompido por Harig Xala, um ser de porte

esbelto. Era mais alto do que todos os que estavam presentes naquele recinto. Quando ele se levantou, Sebastian ficou imóvel diante de sua luz. Era um ser de uma beleza que ele nunca vira, seus olhos eram de cor violeta translúcida e expressavam uma amorosidade inexplicável. De forma delicada se dirigiu a Sebastian, porém não utilizou palavras como todos os presentes, seus pensamentos podiam ser ouvidos por todos os que ali estavam sem que ele precisasse articular por meio de palavras.

Olhou para Sebastian, que lhe devotava toda a atenção, e imprimiu sua mensagem na tela mental dele:

HX – Sebastian, conheço a sua história de longo tempo. Acompanhei seu progresso e sua ascensão em direção à luz e também a sua gradual queda até o reino das sombras. Antes disso, porém, conheci sua história e como você entrou na roda encarnacional, em todo esse contexto. Dentro do que você experienciou durante séculos há uma bagagem rica em conhecimento, e aqui estou para lembrá-lo de que todo esse conhecimento não se perdeu e está pronto para ser acessado, basta aprender a disciplinar suas paixões e suas emoções e voltar-se ao verdadeiro trabalho que espera servidores para executá-lo. Como pode perceber, não pertenço à egrégora dos espíritos servidores da Terra, pois somos muitos distribuídos em diversos mundos, e nos aproximamos para auxiliar sua humanidade no processo que ora se desenrola no seu planeta. Este é o momento do despertar, e faltam servidores na seara do Criador para executar com responsabilidade e dedicação essas tarefas. Hoje aqui estou como um irmão mais velho que deseja compartilhar a experiência com vocês nesse momento de transição e despertar de consciências no planeta Terra.

Há muito tempo, você já serviu junto ao meu povo, e com o passar dos séculos optou pela experiência na Terra e não retornou mais, pois ficou preso às suas emoções, apego ao poder e às paixões.

E abaixando-se para chegar mais perto de Sebastian, pois era muito mais alto que ele, olhou com ternura dentro de seus olhos e prosseguiu:

HX – Você tem neste momento a oportunidade de fazer a diferença dentro dessa comunidade e além dela. Em sintonia com esses irmãos que o estão ajudando, fui convidado a participar desta etapa de seu aprendizado, pois me coloquei à disposição para servir na esfera terrestre pelo período em que você estiver na carne, e meu auxílio virá por meio de mensagens as quais psicografará e as tornará públicas para que por meio delas muitas pessoas sejam alcançadas e iniciem as suas jornadas de cura e evolução. Minha interação com você não será por meio da incorporação como será com os demais irmãos, você aprenderá a reconhecer minha frequência e trabalharemos juntos em perfeita sintonia, faremos os ajustes físicos e psíquicos necessários para que nossa comunicação seja eficaz. O que me diz, jovem Sebastian?

Sem palavras, Sebastian estava simplesmente imóvel, não conseguia articular nenhuma frase, seu peito se iluminou e brotaram grossas lágrimas de seus olhos e chorou um pranto sentido. Como sempre, Pai Benedito se aproximou e o abraçou amorosamente, pois compreendia o que estava acontecendo dentro daquele jovem que até pouco tempo atrás não sabia nada sobre espiritualidade nem sequer imaginava os caminhos que trilharia e agora começava a desvendar toda uma existência que o colocava diante de tão amorosos seres com os quais aprendera lições que a cada dia o fortaleciam neste caminho. Todos à sua volta emanavam em sua direção vibrações de apoio, respeito e profundo amor, aquele amor verdadeiro sem cobranças, aquele amor que mesmo no silêncio transcende todas as dificuldades. Assim, Sebastian foi se acalmando, se recompondo e levantou sua cabeça olhando para cada um daqueles seres com uma profunda gratidão e falou:

S – Até pouco tempo atrás eu não lembrava de nada e nem fazia ideia de que existiam pessoas como vocês, que inclusive não os reconheci, e, no entanto, me guiaram até este momento, onde hoje sei que tenho muito a aprender e reaprender muitas outras coisas para ressignificar toda uma existência e o que equivocadamente não compreendia anteriormente.

Sei que terei muito trabalho pela frente e cada vez mais compreendo a urgência do momento. Vou iniciar os estudos com a maior brevidade e provarei ser um novo espírito e caminharei em direção ao meu Criador com amor, pois é muito fácil cair e árduo o caminho de volta. Compreendo que não é castigo, é oportunidade

o que estou recebendo agora. Quebrarei as crenças religiosas que me aprisionam em uma existência de culpa e medo colocando em prática a liberdade que o amor nos presenteia. Harig Xala, não tenho ainda a menor ideia de onde é seu mundo ou a que raça você pertence, mas quero lhe agradecer pela confiança que deposita em minha recuperação e farei o possível para que ao trabalhar junto com você eu possa cumprir o projeto que estão me confiando com alegria e disciplina, levando a mensagem do Criador a muitas pessoas, e com o tempo nos tornarmos irmãos novamente para que eu possa compreender a minha verdadeira origem.

PB – Hoje, meu filho, você está se integrando um pouco mais à sua nova jornada, mas em pouco tempo estará dominando muitos assuntos, e estaremos sempre lhe mostrando o que precisa, assim poderá se dedicar a todas as tarefas que forem confiadas a você. Temos mais um convidado que eu quero apresentar a você, pois por meio do médium para o qual ele trabalha ele será o seu amparo, e será seu professor sobre o uso das ervas medicinais.

Nesse momento, levanta-se um homem comum, com pele clara, falante e bem-disposto que olha bem para Sebastian e pergunta:

– Então, meu filho, já sabe a quem pertence aquela espada e o que as suas pedras representam?

S – Espere um pouco, essa conversa eu tive com o Preto Sebastião, como você sabe sobre isso? Ah, esqueci que tenho que me acostumar que aqui todos sabem tudo sobre mim, só eu que não sei muita coisa. Me rendo. Como sabe disso?

PS – Com o tempo você aprenderá a dominar o seu mental e poderá ter um pouco de privacidade, mas isso não vem ao caso. Então, de quem é a espada? Eu fiz essa pergunta há uma semana, lembra?

S – Como assim? Esse assunto conversei com o Preto Sebastião.

PS – Você ainda não percebeu que sou eu? Só porque me

apresento na linha dos pretos velhos não significa que sou preto ou velho.

E riu com muita alegria, pois gostava de ver a surpresa dos neófitos quando se apresentava a eles, e inclusive o médium que trabalhava com ele havia levado o maior susto quando lhe mostrara sua real forma.

S – Legal, vou anotar mais isso para estudar: a origem dos pretos velhos – e Sebastian riu de si mesmo. – Sim, Preto Sebastião, vou lhe responder: a espada pertence a mim, representa as minhas conquistas espirituais em minha jornada até o momento. São três os significados das quatro pedras, representam os quatro elementos com que conquistei os graus de mago. Cada cor contém os símbolos que foram impressos em mim durante minha caminhada, e esses símbolos também representam os graus conquistados e que terão que ser despertados novamente pelo meu merecimento, pois são os graus adquiridos na Luz.

PS – É isso mesmo, meu filho, você está mais desperto do que pensei.

PB – Então, meu filho, aqui hoje vamos fazer os ajustes necessários para seu início como médium. Você passará por todo o aprendizado que o Templo oferece e neste meio tempo também estudará em casa. Em breve você assumirá outras tarefas, e não se preocupe com o sustento, pois Janaíra se preparou para esse momento, e você estará amparado para que possa desempenhar suas tarefas com tranquilidade. A partir de hoje terá aulas neste plano todas as noites para se capacitar em diferentes assuntos. Estaremos juntos por longo tempo, meu filho, seremos a sua família no lado de cá do véu.

Agora está na hora de voltar. Descanse, amanhã será um novo dia, um novo despertar.

N – Vamos, Sebastian, Yan e eu o levaremos.

S – Certo, obrigado a todos novamente, obrigado, Harig Xala, e até breve.

O tempo traz a sabedoria para cada momento. O entendimento das diversas situações sobre a vida, sobre o cotidiano, é aprendido diariamente e com o tempo se torna sabedoria. Quando ouvimos os mais velhos contarem histórias, imaginamos que de certa forma as contam com nostalgia, por vezes com muita alegria, e quando jovens não prestamos muita atenção, pois de certa forma não nos interessa. Em sociedades antigas os jovens se reuniam ao redor dos velhos para escutar suas histórias, pois sabiam que não eram somente histórias, era a sabedoria falando, pois somente uma longa trajetória traz experiências, conhecimento e sabedoria.

Histórias nem sempre têm finais felizes, assim pensamos quando jovens. Com o passar do tempo, o jovem vai amadurecendo e um dia será também um velho e somente nesse momento se dará conta de que a sabedoria vem com o tempo e os finais felizes ou não vêm com as escolhas feitas durante a caminhada, e aprende que apesar de todos os equívocos pode fazer uma reforma íntima e assim pode escolher o seu final feliz.

A maturidade traz essa possibilidade, de parar e reavaliar sem pressa a caminhada e se necessário refazer o percurso, compreendendo que nunca se está só e que isso também é uma questão de percepção de seu momento e de que um dia terá jovens sentados ao seu redor sedentos por saber a sua história, que poderá ser contada com riqueza de detalhes e servir de inspiração para uns e reflexão para outros, dependendo do contexto que cada um está vivendo naquele momento.

Para Sebastian começara um novo tempo, de novos aprendizados e de reconquistas, desta vez mais conscientes, e ao mesmo tempo em que pensa que está fazendo para ajudar os outros percebe que quem está sendo ajudado é ele próprio.

E assim começa a verdadeira jornada de Sebastian rumo ao Vale dos Dragões Violeta, em busca da transmutação.

Capítulo XIV

Conclusão

Visualizações

No princípio, do coração de Deus brotou o desejo de habitar um novo mundo. Seres de luz foram convidados a fazer parte do grande plano de Deus. Todos doaram as suas energias para a formação de um planeta belíssimo, o planeta Terra. O homem foi criado puro para habitá-lo, mas, com o passar do tempo, o homem foi desenvolvendo sentimentos mesquinhos como a cobiça, a inveja, a luxúria, que por sua vez foram criando a animalidade, e então surgiram a raiva, o ódio, a mentira, a crueldade e a violência. Cada vez mais o homem se afastava de Deus. Antes o homem convivia com os seres alados (anjos), os seres da natureza (elementais de todos os reinos, animal, vegetal e mineral). Com esse afastamento, o homem foi endurecendo o seu coração e perdendo a capacidade de se relacionar com os seres de luz.

Deus, em Seu absoluto amor, concebeu outro plano: trazer o homem novamente para Sua presença, pois o homem foi criado para a beleza, a paz, a prosperidade e a abundância. Então, nasceu a morte, a forma criada por Deus para alternar períodos de consciência, em que o homem poderia avaliar sua existência e corrigir os erros de percurso. E, assim, voltando para a pureza para a qual ele foi criado, assim teve início a roda das encarnações, onde o período de consciência e inconsciência (esquecimento) são alternados.

A lei do esquecimento não poderia ser violada para que todos conseguissem se harmonizar no tempo certo, com clareza e

sabedoria com seus pares ou com seu grupo ascensional. Quando nascemos, trazemos conosco a lei do esquecimento. Quando estamos no astral, tudo é muito claro, calmo e verdadeiro, os nossos sentimentos ruins não aparecem, pois estamos rodeados o tempo todo de amor, carinho e bondade e os nossos chacras inferiores estão desativados. Não temos consciência de como uma encarnação é importante para o nosso espírito. Uma vida de 80 anos é aparentemente longa em nosso ponto de vista, mas somente quando desencarnamos é que temos a verdadeira percepção de como é curta, como precisaríamos de mais tempo. Quando desencarnamos (morremos) e retornamos para o mundo espiritual, nos é revelado o quanto conseguimos avançar, e nem sempre o que visualizamos é o que gostaríamos. Percebemos que deixamos para trás inúmeras oportunidades de crescimento, e tomamos consciência de que para retornarmos teremos que esperar, muitas vezes, o tempo que vivemos na Terra, ou mais. E assim recomeça o planejamento para a volta.

Aprendemos que cada pessoa que participou da nossa encarnação era uma peça importante para evolução não só do nosso espírito, mas de todos que fizeram parte daquela vida. Quando se planeja uma nova encarnação, leva-se em conta todos os atores necessários e todas as situações que vamos enfrentar. A Bíblia diz que nenhum fio de cabelo cai de nossa cabeça sem que Deus o permita, ou seja: chega de culpar Deus, foi você quem escolheu as pessoas e as situações para evoluir.

Cada pessoa que o irritou, cada uma que o traiu, cada uma que o magoou, entristeceu ou fez você viver os piores pesadelos, foi, muitas vezes, de comum acordo com você, foi para despertar, ou melhor, fazer vir à tona os sentimentos que você ainda tem que trabalhar e curar consciente ou inconscientemente. Muitas vezes nos sentimos vítimas, mas não existem vítimas e nem vilões, porque cada um de nós já desempenhou esses papéis em algum momento da nossa trajetória. Todos estamos aqui para ensinar e para aprender, mas principalmente para evoluir, crescer, nos reformarmos e voltarmos à nossa origem, que é a pureza, a harmonia com o todo.

Não "somos", "estamos" aqui de passagem, ora por curtos períodos, ora por longos períodos, ora como algozes, ora nos sentindo vítimas, lembrando que esses rótulos são temporários. O valor de uma encarnação, hoje, equivale ao poder de comprar para si toda a água do oceano, ou seja, não tem como mensurar em valor. A grande questão é que você volta para a fila e tem que esperar muitas vezes um século para retornar. Por quê? Porque temos que esperar que os atores de nossas histórias retornem, para que possamos fazer nova combinação. Em raras exceções, conseguimos voltar em seguida e nos encaixarmos em outro rótulo, para dar continuidade a tempo de reparar nossos erros.

Uma das coisas que normalmente não paramos para pensar é no corpo que estamos vestindo, em que nos maltratamos com alimentos nocivos, com medicamentos em excesso, com sexo em demasia (noções erradas de sexo). A energia do sexo não é errada e nem impura, é belíssima quando usada com respeito e amor. Tudo o que usamos em excesso nos causa danos, até mesmo nossos pensamentos. Tudo o que pensamos, nossa mente converte em realidade. Observe a energia que você coloca em um pensamento, e em seguida o que você pensou se manifesta em seu organismo, ou seja, se transformou em sentimento/emoção. Seu corpo reage imediatamente como se a sensação enviada pela mente fosse verdadeira, e isso, feito repetidamente, pode desenvolver doenças, que muitas vezes dizemos serem hereditárias – minha avó, meu pai, minha mãe tinham isso, por isso tenho também. Você já pensou que talvez não seja a doença em si e sim o mesmo padrão de pensamento, a mesma frequência que as pessoas têm em comum? Um exemplo: raiva, baixa estima, ressentimentos, tudo relacionado aos outros; na verdade, não são os outros, somos nós. Os outros não têm o poder de nos adoecer, mas os nossos ressentimentos e pensamentos em relação ao outro têm esse poder.

Você já deve ter ouvido milhares de vezes que a solução está dentro de você, então, lá vai pela milionésima e uma vez: A SOLUÇÃO PARA OS SEUS PROBLEMAS E DORES ESTÁ DENTRO DE VOCÊ. Você já veio equipado com todas as soluções para cada situação que terá de enfrentar, basta respirar e acreditar, simples assim. Talvez por parecer tão simples é que não levamos adiante, não damos crédito.

Você já ouviu a expressão que diz que Deus não dá carga maior do que você pode carregar? De novo, não esqueça que foi você, pessoalmente, que escolheu essa carga, Deus só lhe deu a oportunidade de corrigir as falhas cometidas anteriormente, e, não veja isso como castigo, é oportunidade, pois Ele nos quer puros e íntegros ao lado dele para desfrutar de toda a beleza, a abundância e tudo o mais por toda a eternidade. Quando Ele permite que retornemos, coloca anjos ao nosso redor, para nos dar força e ânimo para vencer o nosso desafio.

Gosto de olhar para essa fase, comparando a um grande evento que temos que promover. Os anjos (guardiões, guias etc. — aqui, coloque aquilo em que você acredita) tornam-se nossos *coaches*, nos motivando e nos fazendo perceber o quanto somos importantes, mas, para isso, precisamos manter o foco nos resultados. Investir nosso tempo com sabedoria, doando nossas energias com amor e aprendendo o que nos falta com humildade, olhando para os outros com compaixão e praticando em nosso dia a dia a resiliência. Manter o foco e nos respeitarmos, partindo da premissa de que, se eu não me aceito, não me respeito e não me amo, jamais vou poder doar esses sentimentos para ninguém, porque ninguém dá o que não tem.

A vida é dinâmica e passa muito rapidamente, num instante estamos rodeados, e no instante seguinte estamos sozinhos. Quando isso acontece, temos que gostar de estar em nossa companhia, porque, se você não consegue ficar bem só com você mesmo, é bom começar a avaliar. Cabe perguntar: quando terei tempo de me conhecer realmente, amar e aceitar o que sou? Sempre há tempo para uma reflexão, a vida é feita de boas oportunidades que se repetem a todo instante.

Ultimamente, gosto de pensar, quando aparecem situações complicadas que realmente me tiram do sério: o que tenho que aprender com isso? Observo qual o sentimento que aflora e, sempre que possível, transformo o acontecimento em oportunidade de aprender e refinar minha sensibilidade. Saio da posição de atingido (vítima) e me coloco como observador, mudando a perspectiva. Assim consigo entender melhor o fato, e na maioria das vezes percebo que o fato se torna tão sem importância que não vale a pena gastar a minha energia, então me reposiciono e abençoo a todos os envolvidos e consigo seguir mais leve.

Caro leitor, desejo de coração que esta leitura tenha contribuído de alguma forma com o seu momento.

Namastê

Convite

A todos que acreditam que nada acontece por acaso, acreditam na força do coração e do Universo e acreditam principalmente em um "PAI MAIOR" convido a fazer esta prece para o nosso planeta e pela evolução de todos nós:

Senhor, força infinita do Universo, acolhei-nos em vosso esplendor, dai-nos o discernimento adequado, para que em cada momento desta existência possamos caminhar sentindo sempre a vossa proteção. Abra os nossos olhos para as verdadeiras belezas, abra o nosso coração para os verdadeiros sentimentos, abra a nossa alma para aprender e compreender a grandeza da sua criação.

Permita, Senhor, que percebamos os nossos irmãos e possamos ajudar desinteressadamente a todos os seres que habitam este lindo planeta e que passarem pela nossa vida nesta existência.

Amém.

Izabel Cristina Heberle *é médium, idealizadora do Espaço de Desenvolvimento do Ser Estrela do Oriente, administradora, terapeuta holística, terapeuta floral, coach e psicoterapeuta reencarnacionista, formada pela ABPR – Associação Brasileira de Psicoterapia Reencarnacionista.*

Acredito que todos temos um propósito e que por vezes, por um longo tempo, não o compreendemos. Minha formação em Administração de Empresas me levou a fazer um pós-graduação em Recursos Humanos, assunto que sempre me fascinou, mas insuficiente para o que eu buscava. Depois de muitos anos atuando na área, busquei outras formas de me desenvolver com o foco na espiritualidade. Não importa quanto tempo leve, sempre temos a chance de mudar, crescer e evoluir, e assim nos conhecermos e reconhecermos o nosso propósito. Hoje entendo que meu propósito é auxiliar por meio de diversas técnicas, que incluem a conscientização do ser como um todo, que em muitos casos desconhece ou ignora a origem de suas doenças (físicas, emocionais ou espirituais), sendo influenciado pelo meio, vivenciando situações de medo, incerteza, fragilidade e, por vezes, com a autopercepção limitada ou equivocada.

Este livro foi composto na família do tipo Calibri
e impresso em papel pólen 90g.
Edição e impressão
www.impressaolivros.com.br